"(...) Um homem toma posse de si mesmo por meio de lampejos, e muitas vezes quando toma posse de si não se encontra nem se alcança. (...)"

A. Artaud, Carta para Jacques Rivière em 25 de maio de 1924

Coleção Lampejos
©n-1 edições 2021 / Hedra

Sobre a fabricação gradativa
de pensamentos durante a fala
Heinrich von Kleist

©n-1 edições 2021

coordenação editorial   Peter Pál Pelbart e
Ricardo Muniz Fernandes

assistente editorial   Inês Mendonça e Luan Freitas

direção de arte   Ricardo Muniz Fernandes

tradução (da versão inglesa)   Artur Seidel Fernandes

revisão técnica (a partir do original em alemão)
Maria Cristina Franco Ferraz

coedição   Jorge Salum e Felipe Musetti

revisão   Renier Silva

projeto da coleção/capa   Lucas Kröeff

ilustração   Waldomiro Mugrelise

ISBN   978-65-86941-44-9

Direitos reservados em língua
portuguesa somente para o Brasil

n-1 edições
R. Fradique Coutinho, 1139
05416–011 SãoPaulo SP Brasil

Heinrich von Kleist
Sobre a fabricação
gradativa de
pensamentos
durante a fala

Heinrich von Kleist
Sobre a fabricação
gradativa de
pensamentos
durante a fala

O livro como imagem do mundo é de toda maneira uma ideia insípida. Na verdade não basta dizer Viva o múltiplo, grito de resto difícil de emitir. Nenhuma habilidade tipográfica, lexical ou mesmo sintática será su ficiente para fazê-lo ouvir. É preciso fazer o múltiplo, não acrescentando sempre uma dimensão superior, mas, ao contrário, da maneira mais simples, com força de sobriedade, no nível das dimensões de que se dispõe, sempre n-1 (é somente assim que o uno faz parte do múltiplo, estando sempre subtraído dele). Subtrair o único da multiplicidade a ser constituída; escrever a n-1.

Gilles Deleuze e Félix Guattari

10

33

Kleist para o presente
Maria Cristina Franco Ferraz

Sobre a fabricação gradativa de pensamentos durante a fala (1805/1806)
Heinrich Von Kleist

Para Carlos Abbenseth
In Memoriam

Em tempos de pandemia Covid-19, expandiu-se exponencialmente o uso de dispositivos e plataformas digitais para todo tipo de troca comunicacional, via redes sociais e através de diferentes aplicativos de reuniões e encontros remotos. É bastante provável que essa prática permaneça e se estenda ainda mais após a crise pandêmica, consolidando um modelo de vida centrado no indivíduo isolado, compatível com as novas voltas do capitalismo globalizado. Certamente também se abrem brechas para a invenção e a experimentação. Entretanto, insinuam-se desde já indagações acerca das implicações da comunicação mediada, da distância entre corpos, em especial no que concerne à produção viva do pensamento.

Nesse cenário, nada mais oportuno do que oferecer ao público brasileiro o breve ensaio de Heinrich von Kleist, escrito entre 1805 e 1806, publicado em 1878[1], que se intitula "Über die allmähliche Verfertigung der Gedanken beim Reden", "Sobre a fabricação gradual dos pensamentos durante a fala". No Brasil, houve uma tradução recente, editada em 2008 no número 4 da Revista *FLOEMA*

---

1. Cf. <https://de.wikipedia.org/wiki/%C3%9Cber_die_allm%C3%A4hliche_Verfertigung_der_Gedanken_beim_Reden>. Consulta em 20/05/2020.

- *Caderno de Teoria e História Literária*, da Universidade Estadual do Sudoeste da Bahia, em Vitória da Conquista[2]. Nessa revista, o pesquisador da Universidade de Stanford Hans Ulrich Gumbrecht, ao tratar da obra de Kleist, explica que o inquieto autor prussiano não conseguia trabalhar por muito tempo em um livro ou em um texto, o que por vezes inviabilizava sua publicação[3]. Tal foi o caso do ensaio aqui publicado, que restou inconcluso, e que possui, em seu penúltimo parágrafo, uma passagem algo truncada, pouco explicitada, oferecendo certa dificuldade para o tradutor. Cabe acrescentar que o texto se apresenta originalmente de forma contínua, em um fluxo ininterrupto, isento de paragrafação. Tal como tradutores de outras línguas, optamos por inserir parágrafos a fim de facilitar a leitura.

É no mínimo curioso que um ensaio inacabado, produzido no início do século retrasado, tenha mantido um viço e uma graça que interpelam problemáticas atuais. Nessa tensão entre os séculos,

---

2. Cf. <https://periodicos2.uesb.br/index.php/floema/issue/view/134>. Consulta em 3/11/2020.

3. Cf. Gumbrecht, *Revista Floema* número 4, Vitória da Conquista, Bahia, 2008, disponível em: <https://periodicos2.uesb.br/index.php/floema/article/view/1722/1464>. Consulta em 03/11/2020.

as ideias desenvolvidas por Kleist, longe de serem anacrônicas, podem ser aproximadas da noção nietzschiana de *extemporaneidade*. Em alemão, *unzeitgemäßig*, adjetivo que, em sua literalidade[4], aponta para o que escapa ao horizonte da época, para o que não deve ser medido pela bitola do (seu ou de qualquer) tempo, aquilo que não se limita nem se reduz ao tempo historicamente datado. A obra de Kleist é atravessada por aquela nuvem não histórica que, segundo Nietzsche, também acompanha a história. Sem dúvida, uma questão de forças, de intensidade.

Uma prova do vigor do ensaio é sua presença produtiva no pensamento de Gilles Deleuze e Félix Guattari. No capítulo de *Mil Platôs* intitulado "1227 – Tratado de nomadologia: a máquina de guerra" (Deleuze e Guattari, 1980, p. 434-527), Deleuze e Guattari caracterizam o ensaio kleistiano como um *texto patético*, marcado pelo *pathos*, ressaltando seu caráter ao mesmo tempo *antilogos* e *antimuthos*. Nesse capítulo de *Mil Platôs*, o uso específico de *logos* e *muthos*, remetidos pelos

---

4. Na língua alemã, o prefixo *un-* indica negação; *Zeit* significa tempo; *gemäßig* é uma forma participial derivada do verbo *messen*, medir, avaliar.

autores à "forma-Estado desenvolvida pelo pensamento", explicita-se na seguinte passagem:

> Eis que essa imagem possui duas cabeças que remetem precisamente aos dois polos da soberania: um *imperium* do pensar-verdadeiro, operando por captura mágica, apreensão ou laço, constituindo a eficácia de uma fundação (*muthos*); uma república dos espíritos livres, procedendo por pacto ou contrato, constituindo uma organização legislativa e jurídica, trazendo a sanção de um fundamento (*logos*). (Deleuze e Guattari, 1980, p. 464, minha tradução).

Ao apostar no *pathos*, Kleist se esquiva da forma-Estado no pensamento, em textos intensivos, além do bem e do mal, como também é o caso, por exemplo, da tragédia *Pentesiléia* e da novela *Michael Kohlhaas*. Ao patético, que evacua tanto a fundação mítica quanto os pactos estabelecidos pelo *logos*, corresponde o conceito de *máquina de guerra*, como exterioridade à forma-Estado. Note-se que diversas passagens do ensaio kleistiano mobilizam imagens bélicas, desde a cena doméstica referida inicialmente, na qual o personagem-narrador se dirige à irmã. Nessa passagem, o gaguejar discursivo necessário à produção do pensamento seria atiçado e acelerado por um

pequeno movimento da irmã, indicativo de que ela estaria prestes a interrompê-lo. Na iminência dessa interrupção, conforme o texto, o falante avança "como um grande general" que, pressionado pelas circunstâncias, torna-se ainda mais alerta.

Essa linguagem bélica, estratégica, comparece outras vezes ao longo do ensaio. No caso do exemplo da tirada de Mirabeau, um dos estopins da Revolução Francesa, a máquina de guerra em ação é dissecada em cada um de seus movimentos táticos. A força da palavra emitida vai aos poucos acionando a alavanca do pensamento; desdobrando-se no tempo, termina por efetuar o mundo, gerando o povo por vir a que se dirige. Deleuze e Guattari salientam a importância da temporalidade hesitante, da gagueira tateante na qual se espraia um pensamento em vias de ser fabricado, ideias que vão sendo produzidas na presença viva de corpos em atmosferas carregadas de forças que os atravessam e rearranjam.

Sem pretender antecipar a graça do texto (outro tema caro a Kleist, em seu magistral *Teatro de marionetes*), sintetizo a tese central do ensaio, apresentada tanto através de exemplos triviais

(conversa com a irmã) quanto por meio de referências literárias (Molière, La Fontaine), políticas (Mirabeau) e acadêmicas (exames orais). Ao contrário do que geralmente se supõe, não se trata de pensar antes de falar. A elaboração paulatina da fala funciona, segundo a tese de Kleist, como uma roda paralela à do pensamento, ambas girando e se co-movendo em torno de um mesmo eixo. As ideias vão sendo, portanto, gradualmente fabricadas enquanto se está falando.

Quando começa a falar, o orador (como bem o sabem professores) em geral não sabe o que irá dizer. Claro que essa aliança entre falar e pensar supõe certo grau de competência verbal. Mas o que Kleist salienta é a convergência e a sincronicidade entre a efetuação oral do discurso e a fabulação gradativa de ideias. Intervém, portanto, nessa visada um vetor crucial: o tempo, especialmente ligado à potência de *Kairós*, ocasião ou oportunidade. Como se sabe, Kairós é figurado como um jovem com asinhas nos pés que está sempre correndo e que só pode ser agarrado pelos cabelos enquanto passa, pois é careca por trás. Aberto ao acaso e à oportunidade, o processo vivo e

inesperado do pensamento está imerso em um jogo de forças entre corpos em presença, afastando-se radicalmente de métodos arraigados na filosofia, como é o caso tanto da meditação cartesiana quanto da dialética socrático-platônica.

Com efeito, sugere-se desde o início que não se alcançam ideias claras ensimesmando-se, isolando-se dos outros e do mundo, em um movimento introspectivo que favoreceria a inspeção da razão por ela mesma. Deleuze e Guattari ressaltaram ainda o antiplatonismo dessa espécie de *diálogo*, que é de fato um *anti-diálogo*: o texto salienta que começamos a falar com alguém sobre uma ideia nebulosa não para que o interlocutor nos esclareça, mas para que o próprio movimento inicial da frase, infletindo-se em direção a seu desfecho, perfaça e clarifique a ideia. Portanto, nem pensamento interiorizado nem diálogo metódico; em Kleist, não perguntar, apostar na força viva do discurso e no acaso dos encontros faz parte da cena em que o pensamento pode ser fabricado. De fora, portanto, e em trocas presenciais com corpos alheios.

Nesses encontros, o paulatino vir-a-ser do pensamento é articulado a uma palavra de difícil tradução e de grande relevância na tradição filosófica, literária e cultural alemã: *Gemüt*, aproximável de uma noção de ânimo que integra o sensível à vida do espírito. Por isso a mantivemos, no ensaio de Kleist, no original. Kant remeteu *Gemüt* a dois termos latinos, *animus* (ânimo) e *mens* (mente)[5]. A tradução do ensaio disponível *online* em inglês, de autoria de Michael Hamburger[6], opta pela palavra *mind* (mente). A tradução de *Gemüt* por *mente* aproxima o texto de determinadas ênfases conceituais caras à tradição filosófica anglo-saxônica; entretanto, tende a higienizá-lo de sua contaminação com forças do corpo, com seus estados cambiantes, afetos e expressividade. De modo significativo, Deleuze e Guattari também mantiveram, em *Mil platôs*, o termo em alemão, distante da partilha entre corpo e mente, entre afeto e pensamento. O ensaio de Kleist explora e intensifica *Gemüt*, em

---

5. Em Kant, esse conceito possui considerável importância. Cf. o artigo de Valerio Rohden (tradutor, com Antonio Marques, da *Crítica da faculdade do juízo*), "O sentido de Gemüt em Kant", *revista Analytica*, UFRJ, volume 1, número 1, 1993, disponível em: <https://revistas.ufrj.br/index.php/analytica/article/view/637/592>. Acesso em 21/05/2020.

6. Cf. <https://onlinelibrary.wiley.com/doi/abs/10.1111/j.1468-0483.1951.tb01029.x>. Acesso em 20/05/2020.

sua dimensão ampla, aquém de distinções decisivas que marcaram o pensamento hegemônico no Ocidente. Reduzir a riqueza desse termo à esfera mental equivaleria a contrariar o próprio teor da tese defendida.

Recorrendo aos sentidos de *Gemüt* no dicionário *Duden*[7], encontramos referências a um amálgama de forças psíquicas e espirituais de um ser humano, à capacidade sensível da alma e do espírito, ou ainda à receptividade a impressões afectuais. Segundo o mesmo dicionário, *Gemüt* também costuma ser usado no sentido mais geral de "ser humano" (*Mensch*), em sua dimensão sensível a estímulos intelectuais e anímicos. É a essa força que não se limita à mente, mas que equivale a certas disposições do corpo-alma, à sua potência e porosidade, que Kleist remete o processo do pensar, inseparável de sua efetuação expressiva.

Kleist detalha o processo gradual do pensamento-expressão: por vezes intervêm sons inarticulados, estiram-se palavras de ligação, emergem

---

7. Cf. <https://www.duden.de/rechtschreibung/Gemuet>. Acesso em 21/05/2020.

apostos onde estes não precisariam figurar; em suma, emprega-se todo tipo de artifício e circunlóquio quando se faz necessário *ganhar tempo* para a fabricação da ideia nas "oficinas da razão". Não se trata de gaguejar, de hesitar ou de dar voltas meramente por ausência ou debilidade do pensamento, mas para esticar o tempo, em uma tática de ocupação do fluxo temporal, colocando em curso a produção ativa e viva de ideias. Eis como Deleuze e Guattari comentam o procedimento kleistiano: "Ganhar tempo, e depois talvez renunciar, ou esperar. Necessidade de não ter o controle da língua [...]" (Ibid., p. 468, tradução nossa)[8]. Essa passagem dos filósofos lembra também as vantagens, atribuídas por Henri Bergson em *Matéria e memória*, à hesitação na ação humana, condição de possibilidade da suspensão de respostas prontas, favorecendo a criação de gestos ou de ideias novas, imprevisíveis (Bergson, 1985, p. 28).

Segundo Kleist, não haveria portanto separação entre razão, pensamento e corpo. Pensar se efetuaria em função de intensidades afectuais, em total consonância com os movimentos e

---

8. "Gagner du temps, et puis peut-être renoncer, ou attendre. Nécessité de ne pas avoir le contrôle de la langue [...]".

oscilações da alma-corpo (*Gemüt*). Exterioridade *patética* do pensamento também no sentido das variações afectuais convocadas pela presença do outro. Nesse jogo, Kleist enfatiza a importância do rosto, do corpo do outro. Seus movimentos ínfimos, suas expressões mais sutis têm por efeito acelerar o processo, fazendo muitas vezes com que um pensamento apenas esboçado, ricocheteando no semblante do interlocutor, seja devolvido por inteiro ao próprio falante. Portanto, segundo Kleist, o pensar requer um espaço *entre* no qual possam circular forças de corpos animados. Uma vez acesas, as intensidades do corpo-*Gemüt* potencializam a produção de ideias. O entusiasmo (*Begeisterung*, cuja raiz é *Geist*, espírito) tem, nesse sentido, um efeito precipitador.

A ênfase na *Gemüt*, nas intensidades do corpo para a fabricação de ideias enquanto se fala, o lado propriamente *patético* do ensaio kleistiano, conforme salientaram Deleuze e Guattari, relaciona-se diretamente ao primeiro axioma do "Tratado de nomadologia": exterioridade da máquina de guerra, bem explicitado no exemplo da tirada de Mirabeau. Sua fala na Assembleia, às vésperas

da eclosão da Revolução Francesa, funciona como uma baioneta discursiva voltada contra o Estado absolutista. Cabe neste ponto lembrar a síntese realizada por Deleuze e Guattari acerca do conceito de máquina de guerra, em diálogo com o ensaio de Kleist:

> Um pensamento às voltas com forças exteriores, em vez de estar recolhido em uma forma interior; operando por revezamento, em vez de formar uma imagem; um pensamento-acontecimento, hecceidade, em vez de um pensamento-sujeito; um pensamento-problema, em vez de um pensamento-essência ou teorema; um pensamento que conclama um povo, em vez de se tomar por um ministério. (Deleuze e Guattari ibid., p. 469, tradução nossa)[9].

Máquina de guerra instauradora de uma nova Assembleia Constituinte, a fala de Mirabeau (bem como, em outro contexto, a da raposa de La Fontaine) é esquartejada por Kleist. Não tanto para ser *analisada*, mas para que se possa avaliar e medir seus graus crescentes (e decrescentes) de temperatura, seu aquecimento e resfriamento gradativos,

---

[9]. "Une pensée aux prises avec des forces extérieures au lieu d'être recueillie dans une forme intérieure, opérant par relais au lieu de former une image, une pensée-événement, heccéité, au lieu d'une pensée-sujet, une pensée-problème au lieu d'une pensée-essence ou théorème, une pensée qui fait appel à un peuple au lieu de se prendre pour un ministère."

enquanto fala e *Gemüt* vão se expressando e intensificando. Ainda aqui, o discurso em sua potência demiúrgica, produtora de efeitos-mundo. A contrapelo da tradição filosófica, Kleist não investiga a produção de ideias de modo lógico, racional; privilegia a aferição elétrica e atmosférica da tensão assimétrica de forças nas falas dissecadas, em especial no caso de Mirabeau.

Falas e forças do corpo estão entrelaçadas: ao anunciar a ordem real de suspender a audiência e ao ser surpreendido pela recusa de Mirabeau, o Mestre de Cerimônias experimenta uma falência radical de seu espírito. Valendo-se de leis do campo da eletricidade, Kleist explica que o emissário real, que se encontrava antes em um estado elétrico neutro, ao penetrar no campo de forças de um corpo em alta voltagem como o de Mirabeau, teria sido repentinamente atravessado pelo impulso elétrico oposto, produzindo-se então sua *bancarrota espiritual*. Tirando as consequências do jogo de forças no campo oposto - o da resistência política -, Kleist ressalta o efeito reverso dessa despotencialização do emissário: enquanto o mensageiro real vai ficando sem bateria, o grau de eletricidade do orador se

intensifica; ao enfraquecimento de seu oponente corresponde a transformação da coragem do orador no mais audacioso entusiasmo. O paradigma elétrico é acionado em sintonia com a operação da máquina de guerra: a fala em presença se efetua em uma atmosfera de alta tensão, arma-se um campo elétrico no qual intervêm pequenas percepções e movimentos corporais. Exterioridade radical, tanto com relação ao mito quanto no que concerne às artimanhas do logos.

Com relação à astúcia, cabe sublinhar o personagem da raposa da fábula de La Fontaine citada por Kleist. As artimanhas da raposa são certamente perpassadas por interesses, mas não supõem um cálculo prévio, brotando ao sabor de frases que vão saindo aos pedaços. Portanto, não sem passar por hesitações, gagueiras, por artifícios que propiciem *ganhar tempo*. Seu desfecho inesperado não repousa em uma lógica previsível; parece antes torcê-la e retorcê-la a seu favor. No caso da raposa, o sentido de oportunidade alia-se a essa inteligência aproximativa - tão condenada por Platão e Aristóteles[10] - que os gregos chamavam

---

10. A esse respeito, cf. o subcapítulo "Le renard et le poulpe", em Detienne e Vernant, 1974, p. 32-57.

de Métis. Explorando subterfúgios astuciosos para salvar sua própria pele e, de quebra, adular o rei dos animais, a raposa vai tateando ideias e argumentos, que vão brotando pouco a pouco em seu discurso vacilante, tangidos pela necessidade de desvencilhar-se dos laços de uma situação embaraçosa. Afinal, conforme o dito popular colocado por Guimarães Rosa em epígrafe ao conto "A hora e a vez de Augusto Matraga", "sapo não pula por boniteza, mas porém por precisão" (Rosa, 1968, p. 319).

Mais uma vez, Kleist esquadrinha e secciona cada trecho da fala da raposa, na qual o senso de Kairós se enlaça às astúcias de Métis. Conforme mostraram Detienne e Vernant, essa temporalidade ligada ao senso de oportunidade, vinculava-se especialmente a três práticas gregas: navegação, medicina e política. Em todas essas artes (ou *technai*) está em jogo um saber aproximativo, prudente e astucioso, emblematizado por Métis. Esse tipo de saber é imprescindível quando se tem de lidar com situações moventes, cambiantes, imprevisíveis, intervindo com dosagens certas em ocasiões oportunas. Tanto a raposa de La Fontaine

como o orador político Mirabeau conseguiram pegar *Kairós* pelos cabelos enquanto ele passava. Para isso, tiveram de esticar no tempo o fio elástico da fala-pensamento – até conseguirem cortá-lo para perfazer o laço em que todos seriam desmobilizados e aprisionados. Tanto a hesitação, o estiramento do discurso, quanto o corte certeiro supõem uma aliança com o tempo, quer em sua dimensão movente, quer na instantaneidade da ocasião oportuna.

No final do ensaio, Kleist explora mais uma vez a importância da excitação da *Gemüt* necessária à produção de ideias durante a fala. A situação apresentada não deixa de estar ligada à experiência docente. Kleist explora a cena dos exames orais de seu tempo. Mesmo cabeças abertas e pensantes – acrescenta – podem ficar paralisadas em provas orais, diante de perguntas abruptas tais como "O que é o Estado?", ou "O que é a propriedade?". Observe-se que essas perguntas não poderiam ser mais adequadas ao ensaio: tanto por remeterem a conceitos como *Estado* e *propriedade* (antípodas da máquina de guerra) como também por obedecerem ao modelo da pergunta socrático-platônica

por excelência – "o que é?" –, garantidora do privilégio da definição conceitual.

Nessa situação acadêmica, o que se privilegia é a ponta de chegada de um pensamento, e não seu percurso, seu processo paulatino de fabricação. Note-se de que modo a instituição acadêmica, exemplificada nesse tipo de prova (especialmente na época de Kleist, mas não apenas), é tributária da metafísica. A máquina de guerra da fala pensante lhe é certamente exterior. Segundo o autor, apenas um examinador mal esclarecido irá deduzir que o estudante, paralisado diante de tais questões abruptas, nada sabe sobre o tema perguntado. Novamente, a hesitação, o gaguejar que tais exames orais inviabilizam são tomados como cruciais para a elaboração viva de ideias. Além disso, mais uma vez enfatiza-se que pensar não é reproduzir de modo mecânico o que já foi uma vez pensado.

Esboçados alguns temas centrais do ensaio kleistiano, resta levantar com maior precisão algumas problemáticas concernentes, por conta da pandemia de Covid-19, à atual situação de isolamento em que se expandem comunicações digitalmente mediadas, em suas implicações quanto à

elaboração de ideias. Em primeiro lugar, se como pensava Kleist, a roda do pensamento gira em paralelo à da fala, se ambas se co-movem em torno de um mesmo eixo, e se todo esse processo supõe encontros presenciais, atmosferas secretadas pelas trocas entre *Gemüter*, a situação de isolamento está longe de favorecer a vivacidade do pensar. Podemos igualmente indagar de que maneira, em comunicações digitalmente mediadas, se pode identificar expressões de rostos, os mais sutis movimentos corporais que intervêm na situação dialógica em presença e que, conforme pleiteou Kleist, são essenciais à fabricação de ideias. Como já salientado, essas pequenas percepções nos lançam muitas vezes de volta a metade das ideias apenas em parte esboçadas. Sem esse jogo, ou melhor, em um outro jogo, mediado por dispositivos digitais, a devolução da bola do pensamento tende a ser suspensa, lembrando a famosa cena da partida de tênis sem bola de *Blow-up*, filme de Antonioni.

Outro vetor importante, nas situações comunicacionais, refere-se, conforme salientado por Kleist, à temporalidade, em sua espessura peculiar. Tanto no sentido do necessário aquecimento

dos corpos ou *Gemüter* quanto no que se refere ao aspecto gradual e paulatino da produção de ideias. A pressão temporal e a dispersão da atenção suscitadas por intercâmbios via aplicativos tendem a curtocircuitar o *ganhar tempo* necessário ao pensamento articulado, com suas gagueiras e retardamentos produtivos. Soma-se a isso o fato de que, se a presença de corpos é geradora de *pathos*, de atmosferas que banham o processo dinâmico do pensamento, a distância e a mediação tecnológica interceptam esses fluxos, produzindo uma espécie de achatamento do tempo, uma corrosão de sua espessura duracional, além de um esfriamento dos corpos. Por essas razões, certamente haverá mais cansaço, será exigido um esforço maior para se concentrar em dispositivos que funcionam justamente esgarçando e fragmentando a atenção.

A leitura do ensaio de Kleist permite esboçar com maior argúcia problemas que se delineiam atualmente. A título de conclusão e de modo sintético, a questão pode ser assim formulada: na situação de isolamento, como ativar a máquina de guerra do pensamento, em seu vínculo com a exterioridade e o mundo? De modo mais direto

no que tange à prática viva do pensamento nas relações de ensino: de que maneira intensificar a abertura do pensamento em aulas remotas? Como lutar contra o curto *spam* atencional que a velocidade digital tanto solicita quanto promove? A partir do ensaio de Kleist, podemos observar que a fabricação paulatina de ideais atravessa atualmente um momento no mínimo crítico. Mas, pelas mesmas razões, pode estar sendo aguçada. Resta-nos agarrar *Kairós* pelo cabelos. Afinal, sapo nunca pulou por boniteza. Mas porém por precisão.

Referências bibliográficas

BERGSON, Henri. *Matière et mémoire.* Paris: PUF, 1985.

Deleuze, Gilles e *Guattari*, Félix. *Kafka: Mille plateaux.* Paris: Les Editions de Minuit, 1980.

DETIENNE, Marcel e VERNANT, Jean-Pierre. *Les ruses del'intelligence – La mètis des Grecs.* Paris: Flammarion, 1974.

KLEIST, Heinrich von. SÄMTLICHE WERKE UND BRIEFE. Munique: Deutscher Taschenbuch Verlag (dtv), 2001.

ROHDEN, Valerio e MARQUES, Antonio. "O sentido de Gemüt em Kant". Rio de Janeiro: *Revista Analytica* (UFRJ), volume 1, número 1; 1993. Disponível em: <https://revistas.ufrj.br/index.php/analytica/article/view/637/592>

ROSA, João Guimarães. *Sagarana.* Rio de Janeiro: Ed. José Olympio, 1968.

ÜBER DIE ALLMÄHLICHE VERFERTIGUNG DER GEDANKEN BEIM REDEN (1805/1806)

Heinrich von Kleist

Sobre a fabricação gradativa de pensamentos durante a fala (1805/1806)
Heinrich von Kleist

Wenn du etwas wissen willst und es durch Meditation nicht finden kannst, so rate ich dir, mein lieber, sinnreicher Freund, mit dem nächsten Bekannten, der dir aufstößt, darüber zu sprechen. Es braucht nicht eben ein scharfdenkender Kopf zu sein, auch meine ich es nicht so, als ob du ihn darum befragen solltest: nein! Vielmehr sollst du es ihm selber allererst erzählen. Ich sehe dich zwar große Augen machen, und mir antworten, man habe dir in frühern Jahren den Rat gegeben, von nichts zu sprechen, als nur von Dingen, die du bereits verstehst. Damals aber sprachst du wahrscheinlich mit dem Vorwitz, *andere*, ich will, daß du aus der verständigen Absicht sprechest, *dich* zu belehren, und so können, für verschiedene Fälle verschieden, beide Klugheitsregeln vielleicht gut nebeneinander bestehen. Der Franzose sagt, l'appétit vient en mangeant, und dieser Erfahrungssatz bleibt wahr, wenn man ihn parodiert, und sagt, l'idée vient en parlant.

Oft sitze ich an meinem Geschäftstisch über den Akten, und erforsche, in einer verwickelten Streitsache, den Gesichtspunkt, aus welchem sie wohl zu beurteilen sein möchte. Ich pflege dann

Se há algo que você quer saber e não pode descobrir pela meditação, então, meu querido e engenhoso amigo, eu aconselho que você discuta isso com o primeiro conhecido que encontrar. Ele não precisa ter um intelecto aguçado, tampouco quero dizer que você deva questioná-lo sobre o assunto. Não! Em vez disso, você mesmo deve começar contando tudo para ele.

Posso vê-lo arregalando os olhos para isso e respondendo que, desde pequeno, você era aconselhado a nunca falar sobre algo que ainda não entende. Antes, no entanto, você provavelmente falou com o propósito pretensioso de esclarecer os *outros;* eu quero que você fale com o objetivo razoável de esclarecer *a si próprio*, e talvez ambas as regras, diferentes entre si, possam coexistir. Os franceses dizem: l'appétit vient en mangeant ["é comendo que o apetite vem"] e essa máxima permanece verdadeira quando parodiada em: l'idée vient en parlant ["é falando que a ideia vem"]. Frequentemente, sento à minha escrivaninha, debruçando-me sobre atas e tentando descobrir o ponto de vista a partir do qual alguma controvérsia complicada pode ser julgada. Então, quando meu

gewöhnlich ins Licht zu sehen, als in den hellsten Punkt, bei dem Bestreben, in welchem mein innerstes Wesen begriffen ist, sich aufzuklären. Oder ich suche, wenn mir eine algebraische Aufgabe vorkommt, den ersten Ansatz, die Gleichung, die die gegebenen Verhältnisse ausdrückt, und aus welcher sich die Auflösung nachher durch Rechnung leicht ergibt. Und siehe da, wenn ich mit meiner Schwester davon rede, welche hinter mir sitzt, und arbeitet, so erfahre ich, was ich durch ein vielleicht stundenlanges Brüten nicht herausgebracht haben würde. Nicht, als ob sie es mir, im eigentlichen Sinne, sagte; den sie kennt weder das Gesetzbuch, noch hat sie den Euler, oder den Kästner studiert. Auch nicht, als ob sie mich durch geschickte Fragen auf den Punkt hinführte, auf welchen es ankommt, wenn schon dies letzte häufig der Fall sein mag. Aber weil ich doch irgendeine dunkle Vorstellung habe, die mit dem, was ich suche, von fern her in einiger Verbindung steht, so prägt, wenn ich nur dreist damit den Anfang mache, das Gemüt, während die Rede fortschreitet, in der Notwendigkeit, dem Anfang nun auch ein Ende zu finden, jene verworrene Vorstellung zur völligen Deutlichkeit aus, dergestalt, daß die

ser mais íntimo está envolvido no esforço de se esclarecer, costumo olhar para a luz, para o ponto mais brilhante da sala. Ou, quando surge um problema algébrico, procuro a primeira declaração preliminar, a equação, que expressa as relações dadas e a partir da qual a solução pode ser, mais tarde, facilmente deduzida pelo cálculo.

Mas eis que, se eu mencionar isso à minha irmã, que está sentada atrás de mim trabalhando, descubro o que horas inteiras de elocubração, talvez, não teriam revelado. Não que ela propriamente me diga; pois ela nem conhece legislação, nem estudou Euler ou Kastner. Tampouco como se, através de perguntas habilidosas, conduzisse ao ponto preciso, ainda que muitas vezes esse possa ser o caso. Mas como eu sempre tenho alguma ideia vaga, longinquamente conectada, de alguma forma, ao que estou procurando, só tenho que começar com ousadia, e a *Gemüt*, obrigada a encontrar um fim para este começo, transforma minha ideia confusa, enquanto minha fala progride, em pensamentos perfeitamente claros, de modo que, para minha surpresa, o final do período coincide com o conhecimento acabado. Interponho sons

Erkenntnis zu meinem Erstaunen mit der Periode fertig ist. Ich mische unartikulierte Töne ein, ziehe die Verbindungswörter in die Länge, gebrauche wohl eine Apposition, wo sie nicht nötig wäre, und bediene mich anderer, die Rede ausdehnender, Kunstgriffe, zur Fabrikation meiner Idee auf der Werkstätte der Vernunft, die gehörige Zeit zu gewinnen. Dabei ist mir nichts heilsamer, als eine Bewegung meiner Schwester, als ob sie mich unterbrechen wollte; denn mein ohnehin schon angestrengtes Gemüt wird durch diesen Versuch von außen, ihm die Rede, in deren Besitz es sich befindet, zu entreißen, nur noch mehr erregt, und in seiner Fähigkeit, wie ein großer General, wenn die Umstände drängen, noch um einen Grad höher gespannt. In diesem Sinne begreife ich, von welchem Nutzen Moliere seine Magd sein konnte; denn wenn er derselben, wie er vorgibt, ein Urteil zutraute, das das seinige berichten konnte, so ist dies eine Bescheidenheit, an deren Dasein in seiner Brust ich nicht glaube. Es liegt ein sonderbarer Quell der Begeisterung für denjenigen, der spricht, in einem menschlichen Antlitz, das ihm gegenübersteht; und ein Blick, der uns einen halb ausgedrückten Gedanken schon als begriffen

desarticulados, estico os conectivos, até uso, possivelmente, apostos onde não seriam necessários e emprego outros truques que prolongarão minha fala, a fim de ganhar tempo suficiente para a fabricação de minha ideia na oficina da razão. Durante esse processo, nada é mais útil para mim do que um movimento da minha irmã como se ela estivesse prestes a me interromper; pois minha *Gemüt*, já tensa, fica mais excitada com essa tentativa de privá-la do discurso de que desfruta a posse e, como um grande general pressionado pelas circunstâncias, atinge um grau de tensão ainda mais elevado e aumenta sua capacidade.

Nesse sentido, compreendo a utilidade que a criada poderia ter para Molière; pois, quando, conforme diz, ele confiava que bastava o julgamento feito por ela para corrigir o seu próprio, esse é um tipo de modéstia que eu não acredito que existisse em seu peito. Confrontado com um interlocutor, o rosto humano é uma fonte extraordinária de inspiração [*Begeisterung*] para aquele que fala; e um olhar que já nos anuncia como apreendida uma ideia expressa pela metade frequentemente nos devolve a expressão de toda

ankündigt, schenkt uns oft den Ausdruck für die ganz andere Hälfte desselben.

Ich glaube, daß mancher großer Redner, in dem Augenblick, da er den Mund aufmachte, noch nicht wußte, was er sagen würde. Aber die Überzeugung, daß er die ihm nötige Gedankenfülle schon aus den Umständen, und der daraus resultierenden Erregung seines Gemüts schöpfen würde, machte ihn dreist genug, den Anfang, auf gutes Glück hin, zu setzen.

Mir fällt jener »Donnerkeil« des Mirabeau ein, mit welchem er den Zeremonienmeister abfertigte, der nach Aufhebung der letzten monarchischen Sitzung des Königs am 23ten Juni, in welcher dieser den Ständen auseinanderzugehen anbefohlen hatte, in den Sitzungssaal, in welchem die Stände noch verweilten, zurückkehrte, und sie befragte, ob sie den Befehl des Königs vernommen hätten? »Ja«, antwortete Mirabeau, »wir haben des Königs Befehl vernommen« - ich bin gewiß, daß er, bei diesem humanen Anfang, noch nicht an die Bajonette dachte, mit welchen er schloß: »ja, mein Herr«, wiederholte er, »wir haben ihn

a outra metade. Acredito que, no momento em que ele abriu a boca, muitas vezes o grande orador ainda não sabia o que diria. Mas a convicção de que a plenitude necessária das ideias seria criada pelas circunstâncias e pela excitação resultante de sua *Gemüt* o fez ousado o suficiente para escolher as palavras iniciais ao acaso.

Ocorre-me aquela "trovejada" de Mirabeau, com a qual ele silenciou o Mestre de Cerimônias que – após a suspensão da última Sessão Real em 23 de junho, na qual este ordenara que as Ordens se retirassem separadamente – retornou ao salão da assembleia, onde as Ordens ainda permaneciam e perguntou a eles se haviam ouvido o comando do Rei.

"Sim" respondeu Mirabeau, "ouvimos o comando do rei" – tenho certeza de que durante essa abertura humana ele ainda não estava pensando na baioneta com a qual concluiu: "sim, senhor", repetiu ele, "nós ouvimos". Pode-se ver que ele ainda não sabe ao certo o que quer. "Mas o que te dá o direito" – continuou, e agora de repente brota nele uma imensa fonte de ideias nascentes – "de nos

vernommen« - man sieht, daß er noch gar nicht recht weiß, was er will. »Doch was berechtigt Sie« - fuhr er fort, und nun plötzlich geht ihm ein Quell ungeheurer Vorstellungen auf - »uns hier Befehle anzudeuten? Wir sind die Repräsentanten der Nation.« - Das war es, was er brauchte! »Die Nation gibt Befehle und empfängt keine« - um sich gleich auf den Gipfel der Vermessenheit zu schwingen. »Und damit ich mich ihnen ganz deutlich erkläre« - und erst jetzo findet er, was den ganzen Widerstand, zu welchem seine Seele gerüstet dasteht, ausdrückt: »So sagen Sie Ihrem Könige, daß wir unsere Plätze anders nicht, als auf die Gewalt der Bajonette verlassen werden.« - Worauf er sich, selbstzufrieden, auf einen Stuhl niedersetzte. - Wenn man an den Zeremonienmeister denkt, so kann man sich ihn bei diesem Auftritt nicht anders, als in einem völligen Geistesbankerott vorstellen; nach einem ähnlichen Gesetz, nach welchem in einem Körper, der von dem elektrischen Zustand Null ist, wenn er in eines elektrisierten Körpers Atmosphäre kommt, plötzlich die entgegengesetzte Elektrizität erweckt wird. Und wie in dem elektrisierten dadurch, nach einer Wechselwirkung, der in ihm inwohnende Elektrizitätsgrad wieder

transmitir ordens aqui? Nós somos os representantes da Nação". Era disso que ele precisava! "A Nação dá ordens e não as recebe" – para alcançar imediatamente o ápice da audácia. "E para deixar bem claro para o senhor" – e só agora ele encontra as palavras para expressar toda a resistência com a qual sua alma está armada: "vá dizer ao seu Rei que apenas sob a violência da baioneta deixaremos nossos lugares". E com isso, satisfeito consigo mesmo, sentou-se na cadeira.

Se alguém pensa no Mestre de Cerimônias, é impossível imaginá-lo durante essa cena, exceto em um estado de completa bancarrota do espírito; de acordo com uma lei semelhante, num corpo de eletricidade nula, uma vez colocado na atmosfera de um corpo eletrizado, de repente precipita-se uma carga oposta. E, tal como no corpo eletricamente ativo, a carga elétrica inerente é intensificada após a interação, assim a coragem de nosso orador foi elevada ao mais imprudente entusiasmo pela anulação de seu oponente. Dessa forma, é possível que, talvez, tenha sido a contração do lábio superior ou o movimento ambíguo de um punho de camisa que causou o colapso de toda a ordem social na França.

verstärkt wird, so ging unseres Redners Mut, bei der Vernichtung seines Gegners, zur verwegensten Begeisterung über. Vielleicht, daß es auf diese Art zuletzt das Zucken einer Oberlippe war, oder ein zweideutiges Spiel an der Manschette, was in Frankreich den Umsturz der Ordnung der Dinge bewirkte. Man liest, daß Mirabeau sobald der Zeremonienmeister sich entfernt hatte, aufstand, und vorschlug: 1) sich sogleich als Nationalversammlung, und 2) als unverletzlich, zu konstituieren. Denn dadurch, daß er sich, einer Kleistischen Flasche gleich, entladen hatte, war er nun wieder neutral geworden, und gab, von der Verwegenheit zurückgekehrt, plötzlich der Furcht vor dem Chatelet, und der Vorsicht, Raum.

Dies ist eine merkwürdige Übereinstimmung zwischen den Erscheinungen der physischen und moralischen Welt, welche sich, wenn man sie verfolgen wollte, auch noch in den Nebenumständen bewähren würde. Doch ich verlasse mein Gleichnis, und kehre zur Sache zurück.

Auch Lafontaine gibt, in seiner Fabel: les animaux malades de la peste, wo der Fuchs dem Löwen eine Apologie zu halten gezwungen ist,

Os livros nos dizem que, assim que o Mestre de Cerimônias partiu, Mirabeau levantou-se e propôs que eles deveriam se estabelecer imediatamente como Assembleia Nacional, sendo esta inviolável. Pois, ao descarregar sua energia à maneira de uma garrafa kleistiana[1], ele agora se tornara neutro mais uma vez e, voltando da sua audácia, repentinamente deu lugar à cautela e ao temor ao Châtelet. Esse é um curioso paralelo entre os fenômenos do mundo físico e do mundo moral e, se perseguido, se aplicaria até a circunstâncias secundárias. Mas vou deixar a analogia e voltar ao meu tema.

La Fontaine também, em sua fábula: Les animaux malades de la peste [Os animais durante a peste], na qual a raposa é forçada a produzir uma desculpa para o leão, sem saber onde encontrar o material para isso, fornece um exemplo notável da fabricação gradual do pensamento a partir de um começo feito em situação difícil.

A fábula é bem conhecida. A peste imperava no reino animal, o leão convoca seus representantes

---

1. Hoje chamada "Garrafa de Leiden".

ohne zu wissen, wo er den Stoff dazu hernehmen soll, ein merkwürdiges Beispiel von einer allmählichen Verfertigung des Gedankens aus einem in der Not hingesetzten Anfang. Man kennt diese Fabel. Die Pest herrscht im Tierreich, der Löwe versammelt die Großen desselben, und eröffnet ihnen, daß dem Himmel, wenn er besänftigt werden solle, ein Opfer fallen müsse. Viel Sünder seien im Volke, der Tod des größesten müsse die übrigen vom Untergang retten. Sie möchten ihm daher ihre Vergehungen aufrichtig bekennen. Er, für sein Teil, gestehe, daß er, im Drange des Hungers, manchem Schafe den Garaus gemacht; auch dem Hunde, wenn er ihm zu nahe gekommen; ja, es sei ihm in leckerhaften Augenblicken zugestoßen, daß er den Schäfer gefressen. Wenn niemand sich größerer Schwachheiten sich schuldig gemacht habe, so sei er bereit zu sterben. »Sire«, sagt der Fuchs, der das Ungewitter von sich ableiten will, »Sie sind zu großmütig. Ihr edler Eifer führt Sie zu weit. Was ist es, ein Schaf erwürgen? Oder einen Hund, diese nichtswürdige Bestie? Und: quant au berger«, fährt er fort, denn dies ist der Hauptpunkt: »On peut dire«; obschon er noch nicht weiß, was? »qu'il méritoit tout mal«; auf gut

mais poderosos e lhes revela que, se é para apaziguar os céus, eles devem oferecer um sacrifício. Há muitos pecadores entre o povo, ele diz, e o maior deles deve morrer para salvar os outros. Portanto, eles devem confessar seus crimes com sinceridade. Ele, por sua vez, admite que, sob a pressão da fome, eliminou muitas ovelhas; até o cachorro, se cruzasse seu caminho; de fato, em seus momentos de voracidade, havia devorado o pastor. Se ninguém tiver sido culpado de maiores fraquezas, ele está pronto para morrer.

"Senhor", diz a raposa, que quer desviar a tempestade de si mesma, "o senhor é muito generoso. Seu nobre zelo o leva a extremos. Afinal, o que é estrangular uma ovelha? ou um cachorro, aquele animal indigno? Et quant au berger" [quanto ao pastor], continua ele, pois esse é o cerne da questão, "on peut dire" [pode-se dizer], embora ainda não saiba o que dizer, "qui'il méritoit tout mal" [que ele merecia todo o mal], arrisca-se e agora se complica; "étant" [sendo], uma frase ruim, mas que lhe dá tempo; "de ces gens-là" [desse tipo de gente] e só agora ele se depara com a ideia que o salvará de sua difícil situação: "qui sur les

Glück; und somit ist er verwickelt; »étant«; eine schlechte Phrase, die ihm aber Zeit verschafft: »de ces gens là«, nun erst findet er den Gedanken, der ihn aus der Not reißt: »qui sur les animaux se font un chimérique empire«. Und jetzt beweist er, daß der Esel, der blutdürstige! (der alle Kräuter auffrißt), das zweckmäßigste Opfer sei, worauf alle über ihn herfallen, und ihn zerreißen.

Ein solches Reden ist ein wahrhaft lautes Denken. Die Reihen der Vorstellungen und ihrer Bezeichnungen gehen nebeneinander fort, und die Gemütsakte, für eins und das andere, kongruieren. Die Sprache ist alsdann keine Fessel, etwa wie ein Hemmschuh an dem Rade des Geistes, sondern wie ein zweites mit ihm parallel fortlaufendes, Rad an seiner Achse.

Etwas ganz anderes ist es, wenn der Geist schon, vor aller Rede, mit dem Gedanken fertig ist. Denn dann muß er bei seiner bloßen Ausdrückung zurückbleiben, und dies Geschäft, weit entfernt ihn zu erregen, hat vielmehr keine andere Wirkung, als ihn von seiner Erregung abzuspannen. Wenn daher eine Vorstellung verworren

animaux se font un chimérique empire" [que exerce sobre os animais um império quimérico]. E agora ele prova que o asno, o mais sedento dos animais (porque ele arranca todas as ervas), é o mais adequado para o sacrifício, e a partir disso todos caem sobre ele e o destroçam.

Esse tipo de discurso é um verdadeiro pensamento articulado. As cadeias de ideias e de suas designações progridem *pari passo*, e as atas da *Gemüt* de um e de outro são congruentes. Então o falar não é um impedimento, uma espécie de freio na roda do espírito, mas como uma segunda roda correndo no mesmo eixo paralelamente a ele.

É uma questão bem diferente quando o espírito já terminou o pensamento antes do discurso começar. Pois assim ele tem que ficar atrás da mera expressão, e esse empreendimento, longe de ser excitante, não tem outro efeito senão proporcionar relaxamento da excitação. Portanto, quando uma ideia [*Vorstellung*] é expressa de maneira desordenada, não se segue de forma alguma que também foi pensada de maneira desordenada; ao contrário, poderia facilmente acontecer de as

ausgedrückt wird, so folgt der Schluß noch gar nicht, daß sie auch verworren gedacht worden sei; vielmehr könnte es leicht sein, daß die verworrenst ausgedrückten gerade am deutlichsten gedacht werden. Man sieht oft in einer Gesellschaft, wo, durch ein lebhaftes Gespräch, eine kontinuierliche Befruchtung der Gemüter mit Ideen im Werk ist, Leute, die sich, weil sie sich der Sprache nicht mächtig fühlen, sonst in der Regel zurückgezogen halten, plötzlich, mit einer zuckenden Bewegung aufflammen, die Sprache an sich reißen und etwas Unverständliches zur Welt bringen. Ja, sie scheinen, wenn sie nun die Aufmerksamkeit aller auf sich gezogen haben, durch ein verlegnes Gebärdenspiel anzudeuten, daß sie selbst nicht mehr recht wissen, was sie haben sagen wollen. Es ist wahrscheinlich, daß diese Leute etwas recht Treffendes, und sehr deutlich, gedacht haben. Aber der plötzliche Geschäftswechsel, der Übergang ihres Geistes vom Denken zum Ausdrücken, schlug die ganze Erregung desselben, die zur Festhaltung des Gedankens notwendig, wie zum Hervorbringen, erforderlich war, wieder nieder. In solchen Fällen ist es um so unerläßlicher, daß uns die Sprache mit Leichtigkeit zur Hand sei, um dasjenige, was

ideias expressas da maneira mais confusa serem justamente as mais claramente pensadas. Nas reuniões sociais onde as *Gemüter* são continuamente fertilizadas com ideias em uma vívida conversação, muitas vezes é possível ver pessoas que, via de regra retraídas por não se sentirem dominando a língua, repentinamente, com um movimento brusco, inflamam-se, arrancam de si a língua e dão à luz algo ininteligível. Mas, agora que já atraíram a atenção de todos, parecem dar a entender, por um gesto embaraçado, que eles mesmos não sabem mais exatamente o que queriam dizer.

É provável que essas pessoas tenham pensado em algo bem exato, e pensado claramente. Mas a súbita mudança de assunto, a transposição em seus espíritos do pensamento para a expressão, logo neutralizou toda a excitação necessária à manutenção do pensamento, bem como à sua expressão. Nesses casos, é ainda mais indispensável que a linguagem esteja facilmente ao alcance das mãos, para que o que pensamos de maneira sincrônica, mas não conseguimos colocar em palavras no mesmo passo, possa ao menos organizar-se sequencialmente o mais rápido possível. E, de modo

wir gleichzeitig gedacht haben, und doch nicht gleichzeitig von uns geben können, wenigstens so schnell als möglich, aufeinander folgen zu lassen. Und überhaupt wird jeder, der, bei gleicher Deutlichkeit, geschwinder als sein Gegner spricht, einen Vorteil über ihn haben, weil er gleichsam mehr Truppen als er ins Feld führt.

Wie notwendig eine gewisse Erregung des Gemüts ist, auch selbst nur, um Vorstellungen, die wir schon gehabt haben, wieder zu erzeugen, sieht man oft, wenn offene, und unterrichtete Köpfe examiniert werden, und man ihnen, ohne vorhergegegangene Einleitung, Fragen vorlegt, wie diese: was ist der Staat? Oder: was ist das Eigentum? Oder dergleichen. Wenn diese jungen Leute sich in einer Gesellschaft befunden hätten, wo man sich vom Staat, oder vom Eigentum, schon eine Zeit lang unterhalten hätte, so würden sie vielleicht mit Leichtigkeit, durch Vergleichung, Absonderung und Zusammenfassung der Begriffe, die Definition gefunden haben. Hier aber, wo die Vorbereitung des Gemüts gänzlich fehlt, sieht man sie stocken, und nur ein unverständiger Examinator wird daraus schließen, daß

geral, qualquer pessoa que possa falar mais rápido que seu oponente com a mesma clareza terá uma vantagem sobre ele, porque ela terá mais tropas, por assim dizer, para levar ao campo de batalha.

Pode-se ver frequentemente o quão necessária se faz certa excitação da *Gemüt*, quando, mesmo ao se ter apenas de reproduzir ideias [*Vorstellungen*] já elaboradas, pessoas com mente livre e instruída são examinadas e de repente confrontadas com perguntas inesperadas tais como: "o que é o Estado?", ou "o que é propriedade?", ou algo do gênero. Caso esses jovens tivessem acabado de vir de um encontro social em que o Estado ou a propriedade houvessem sido discutidos por algum tempo, talvez eles tivessem encontrado facilmente a definição pela comparação, distinção e recapitulação de conceitos. Mas aqui, faltando totalmente essa preparação da *Gemüt*, vê-se que eles ficam paralisados, e apenas um examinador pouco esclarecido concluirá que eles não sabem nada. Pois não somos nós que sabemos, mas a princípio é apenas um determinado estado nosso que sabe. Somente espíritos muito triviais, pessoas que aprenderam ontem, de cor, o que é o Estado

sie nicht wissen. Denn nicht wir wissen, es ist allererst ein gewisser Zustand unsrer, welcher weiß. Nur ganz gemeine Geister, Leute, die, was der Staat sei, gestern auswendig gelernt, und morgen schon wieder vergessen haben, werden hier mit der Antwort bei der Hand sein. Vielleicht gibt es überhaupt keine schlechtere Gelegenheit, sich von einer vorteilhaften Seite zu zeigen, als grade eine öffentliches Examen. Abgerechnet, daß es schon widerwärtig und das Zartgefühl verletzend ist, und daß es reizt, sich stetig zu zeigen, wenn solch ein gelehrter Roßkamm nach den Kenntnissen sieht, um uns, je nachdem es fünf oder sechs sind, zu kaufen oder wieder abtreten zu lassen: es ist so schwer, auf ein menschliches Gemüt zu spielen und ihm seinen eigentümlichen Laut abzulocken, es verstimmt sich so leicht unter ungeschickten Händen, daß selbst der geübteste Menschenkenner, der in der Hebeammenkunst der Gedanken, wie Kant sie nennt, auf das meisterhafteste bewandert wäre, hier noch, wegen der Unbekanntschaft mit seinem Sechswöchner Mißgriffe tun könnte. Was übrigens solchen jungen Leuten, auch selbst den unwissendsten noch, in den meisten Fällen ein gutes Zeugnis verschafft, ist der Umstand, daß

e já o terão esquecido amanhã, terão nesse caso a resposta na ponta da língua.

Talvez não haja, de forma alguma, pior ocasião para se mostrar vantajosamente do que em um exame público. Sem levar em conta que já é repulsivo e ofensivo aos sentimentos mais delicados, tal situação impinge que tenha de mostrar-se na defensiva, quando um desses astutos vendedores de cavalos sonda nossos conhecimentos afim de, quando já são cinco ou seis deles, vender ou se retirar do negócio: é tão difícil jogar com uma *Gemüt* humana, dela extraindo seu próprio som, e ela se perturba tão facilmente quando em mãos inábeis que até mesmo o mais experiente observador dos homens, o mestre mais exercitado na arte da maiêutica das ideias – como Kant a chama –, ainda poderia aqui, por conta do seu desconhecimento, cometer erros em sua paciente de seis semanas.

Para esses jovens, mesmo para os mais ignorantes, há, no entanto, uma circunstância que gera, na maioria dos casos, um bom testemunho: é que, se o exame é realizado em público, as *Gemüter* dos

die Gemüter der Examinatoren, wenn die Prüfung öffentlich geschieht, selbst zu sehr befangen sind, um ein freies Urteil fällen zu können. Denn nicht nur fühlen sie häufig die Unanständigkeit dieses ganzen Verfahrens: man würde sich schon schämen, von jemanden, daß er seine Geldbörse vor uns ausschütte, zu fordern, viel weniger, seine Seele: sondern ihr eigener Verstand muß hier eine gefährliche Musterung passieren, und sie mögen oft ihrem Gott danken, wenn sie selbst aus dem Examen gehen können, ohne sich Blößen, schmachvoller vielleicht, als der, eben von der Universität kommende, Jüngling, gegeben zu haben, den sie examinierten

próprios examinadores ficam tão constrangidas a ponto de não conseguirem fazer um julgamento livre. Pois eles não apenas estão conscientes do aspecto indecoroso de todo esse procedimento – deveríamos ter vergonha de ordenar que outra pessoa esvazie sua bolsa na nossa frente, que dirá que desnude sua alma –, como sua própria inteligência tem de passar aqui por uma perigosa prova, e devem agradecer muitas vezes a seu deus se eles próprios puderem deixar o exame sem terem se exposto talvez mais vergonhosamente do que o jovem recém-egresso da universidade examinado por eles.

A ideia desta coleção Lampejos foi criar, para cada capa, um alfabeto diferente desenhado pelo artista Waldomiro Mugrelise. Entremear a singularidade dos textos de cada autor à invenção gráfica de um outro léxico e outra sintaxe.

"Todos os viajantes confirmaram: transformar o teclado do computador em mecanismo de fazer desenhos é a melhor solução para este projeto. A invenção de um dispositivo composicional além do léxico, quero dizer, anterior ao léxico, fará o leitor percorrer léguas de insensatas cacofonias, de confusões verbais e repetições que correspondem a idioma algum, por dialetal ou rudimentar que seja. A incoerência (inocorrência?) da palavra resulta em potencialidade gráfica infinita, um campo ilimitado para o desenho. Lucas compõe as capas a partir da tipologia fornecida por Waldomiro. Eu me visto de Waldomiro, diz ele. Ser meio para nenhum fim. As linhas caóticas da mão são capturadas e organizadas em um sistema que produz composições que o artista nunca criaria. Imagem é texto, como bem sabemos. Os livros, por diversos que sejam, constam de elementos iguais: o espaço, o ponto, a vírgula, as letras do alfabeto."

Leopardo Feline

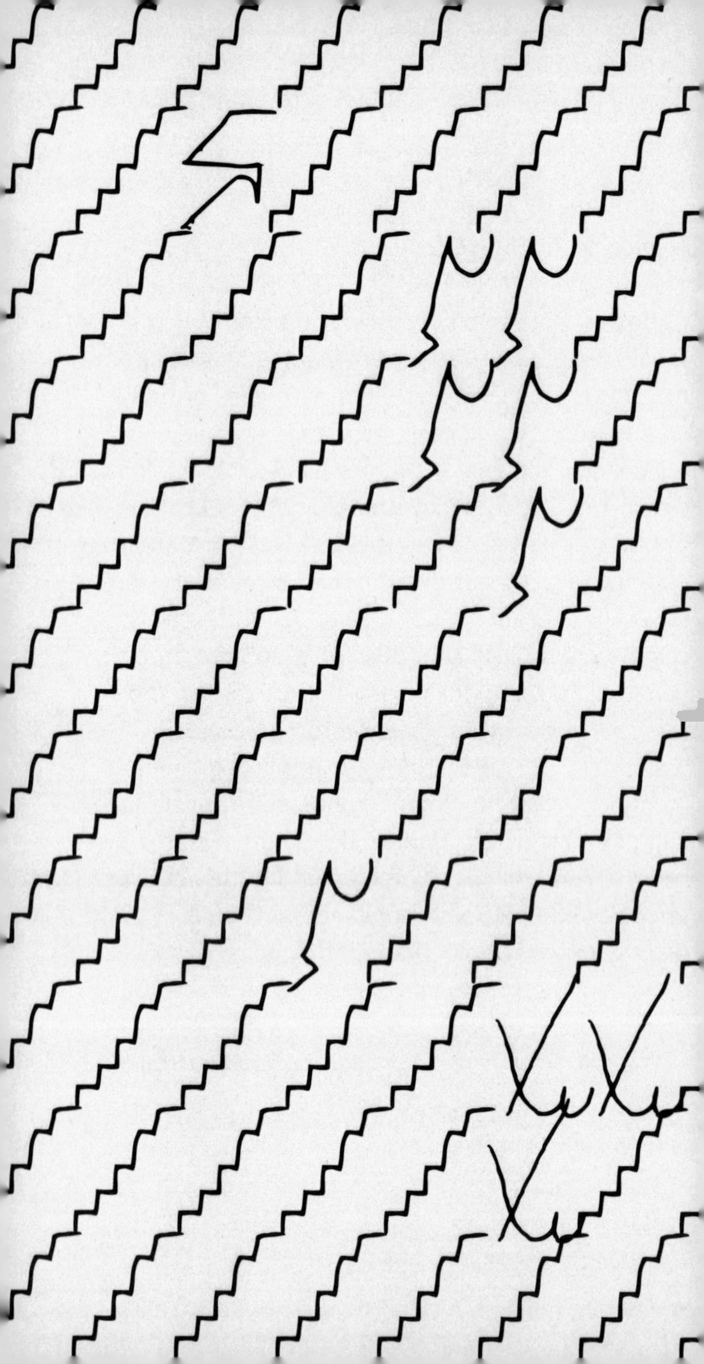

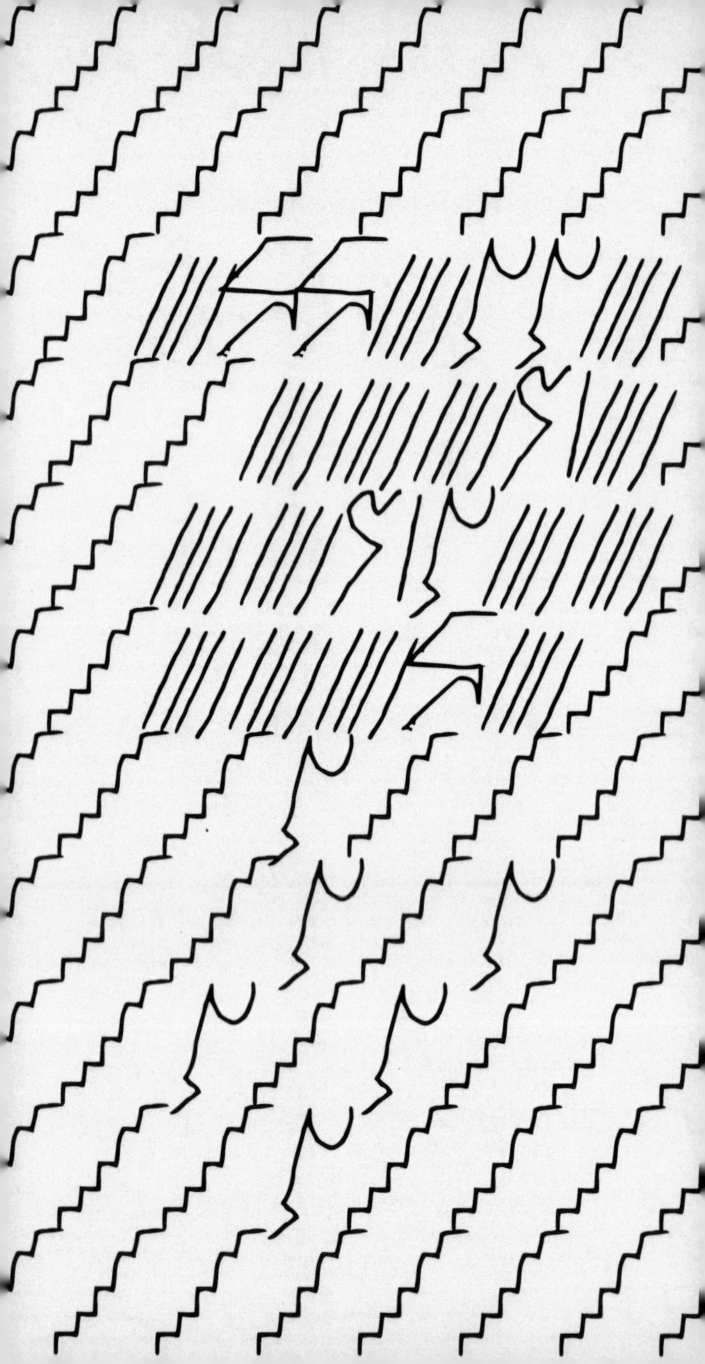

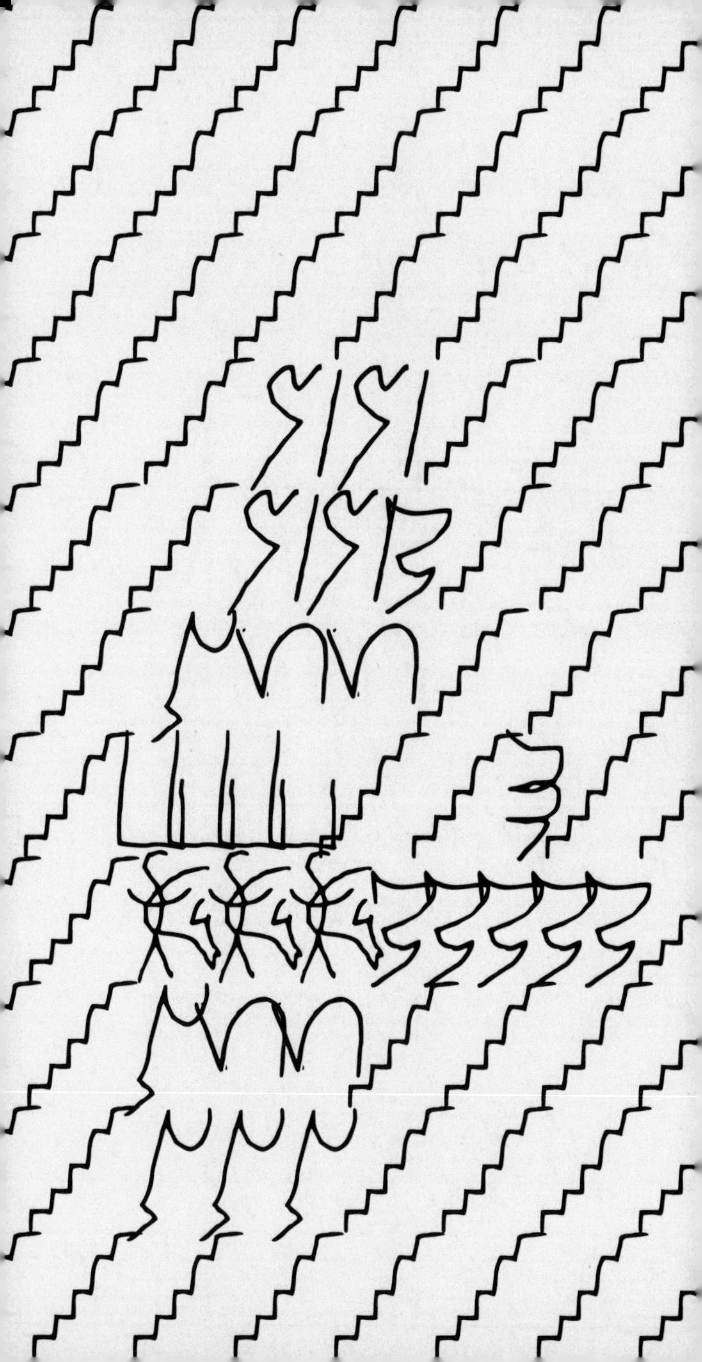

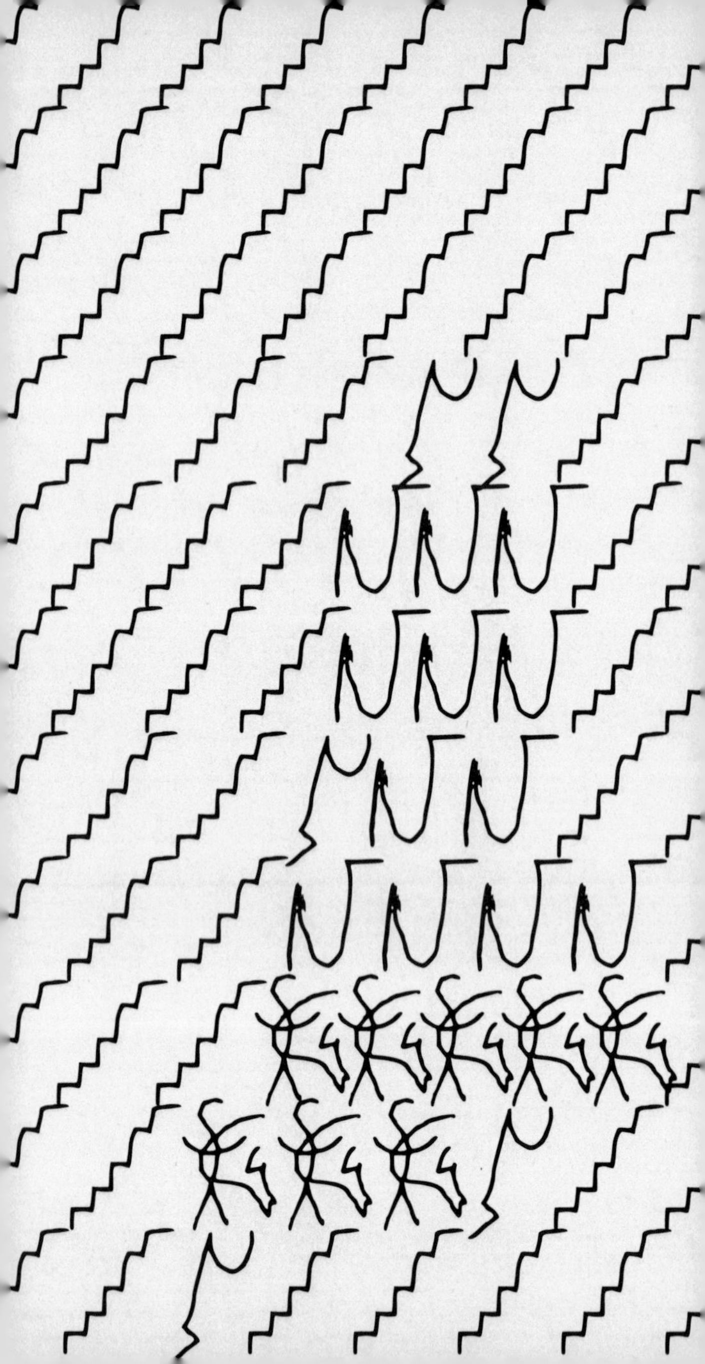

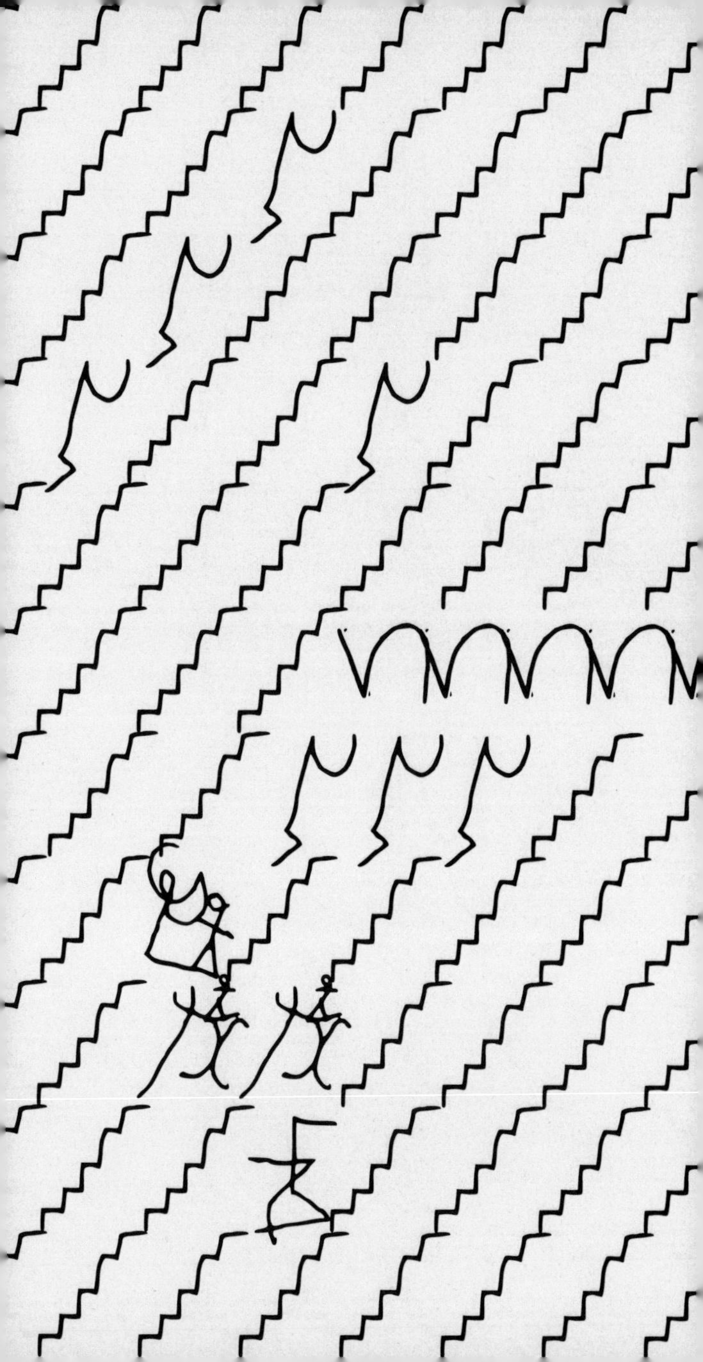

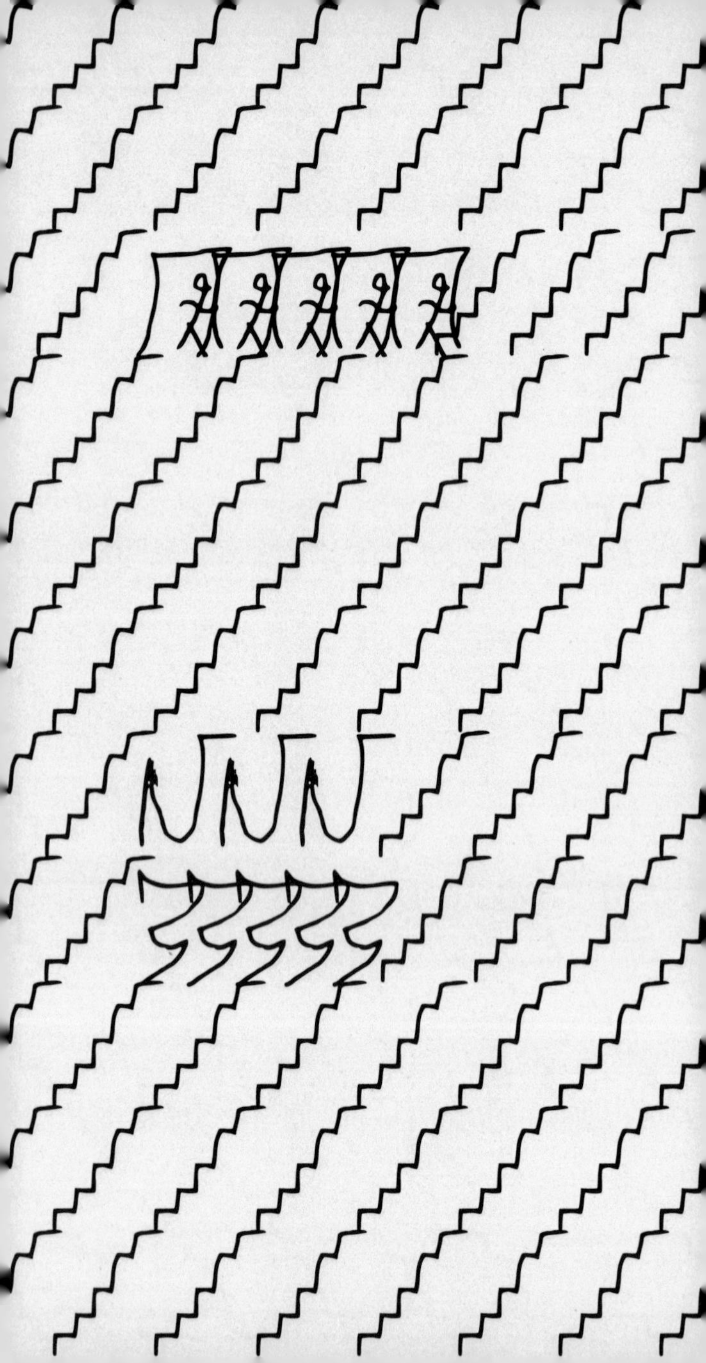

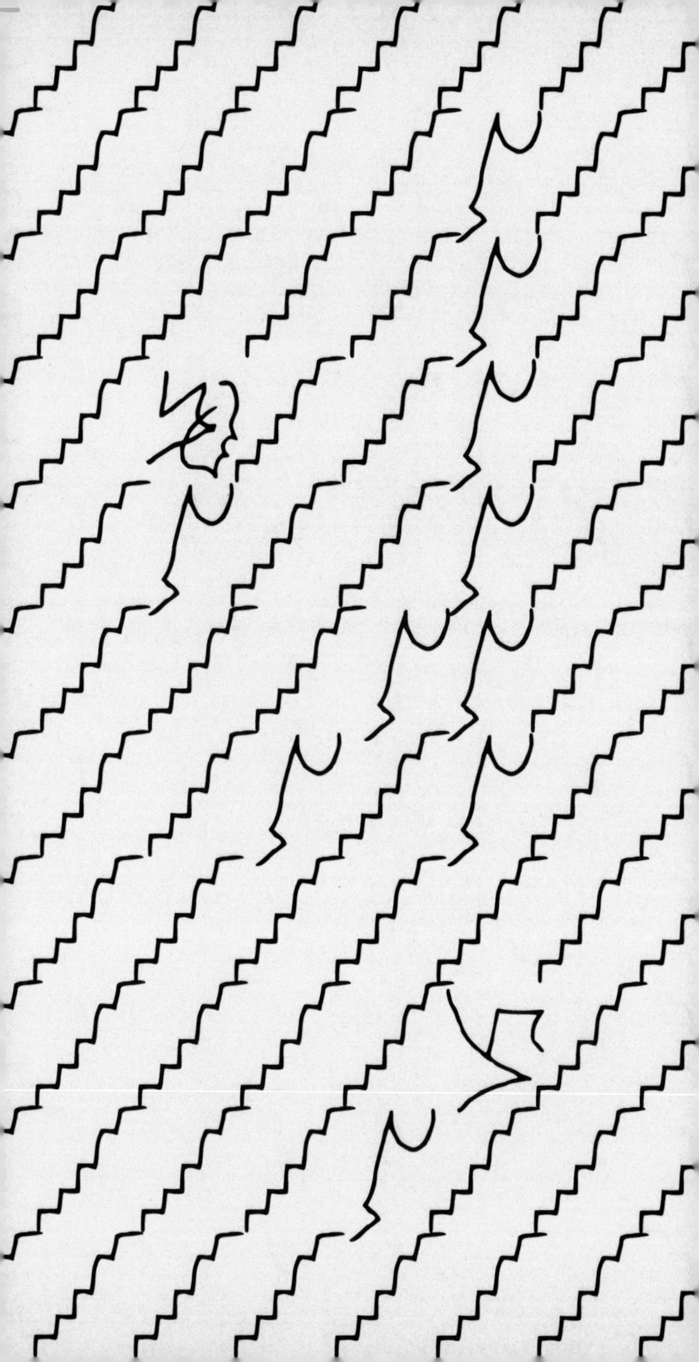

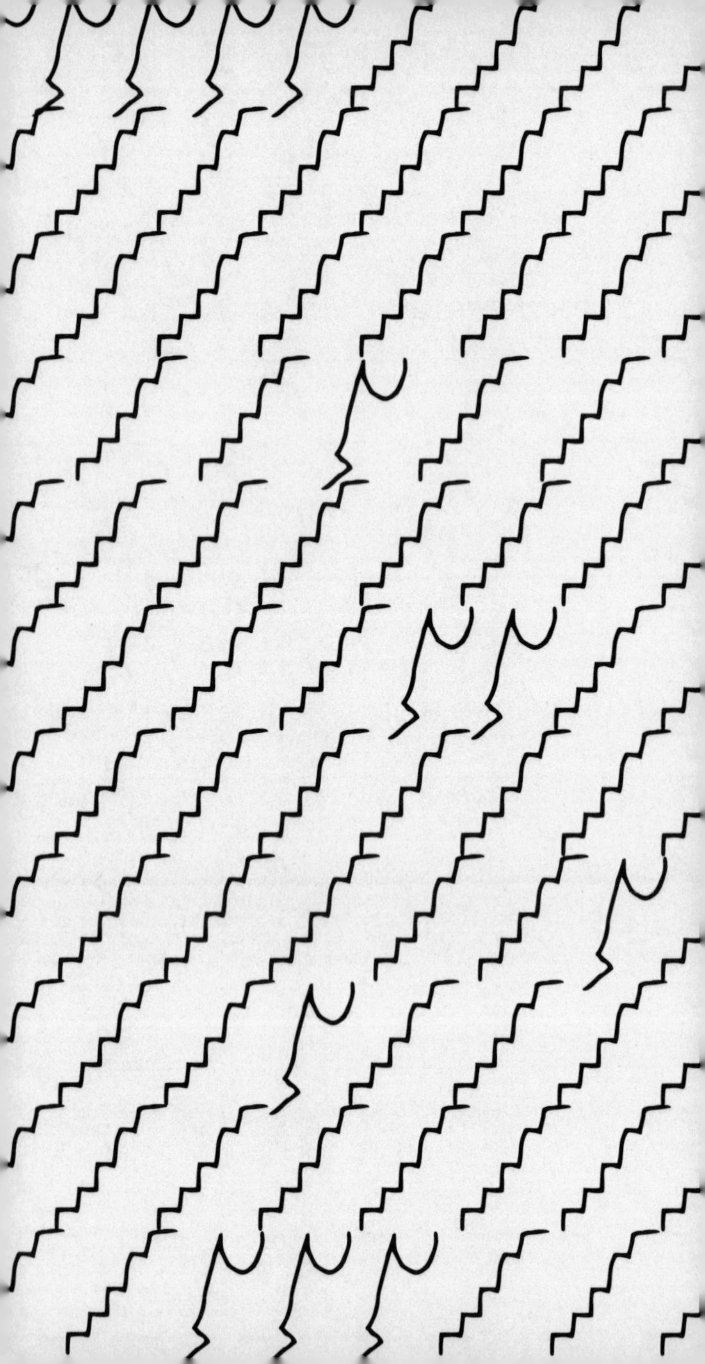

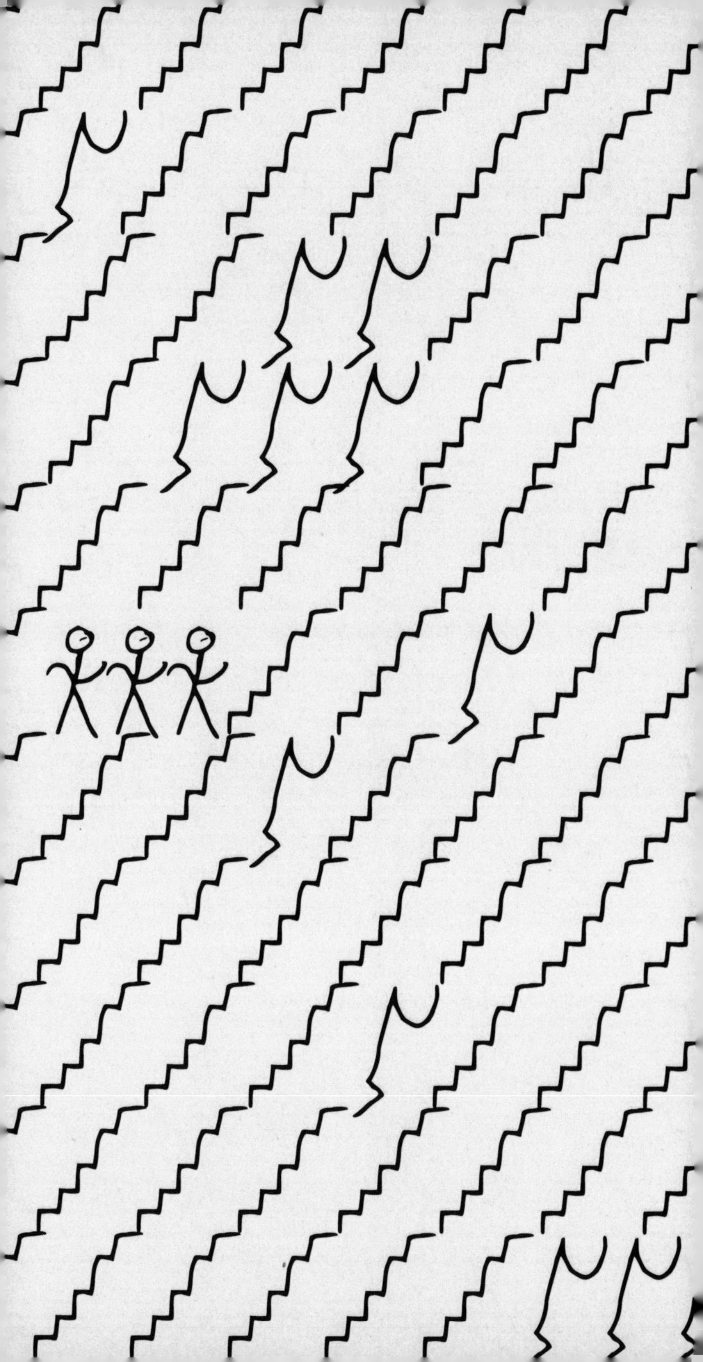

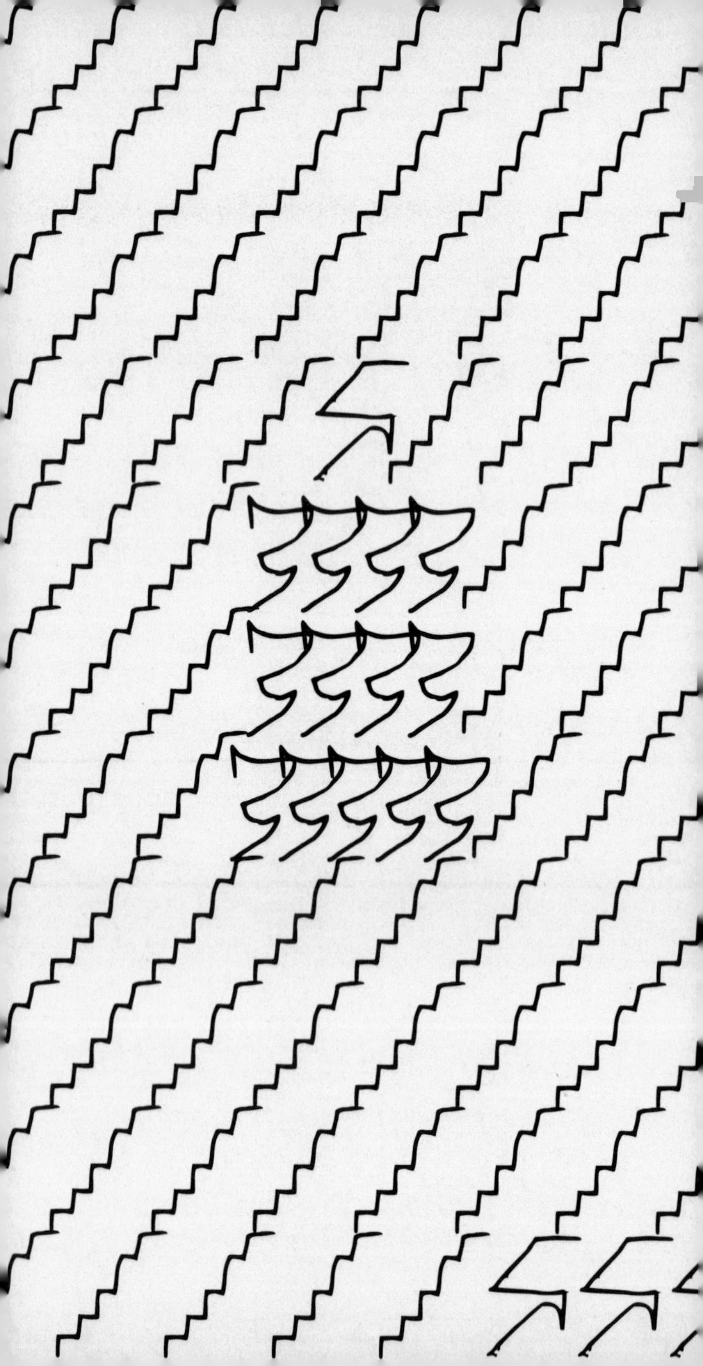

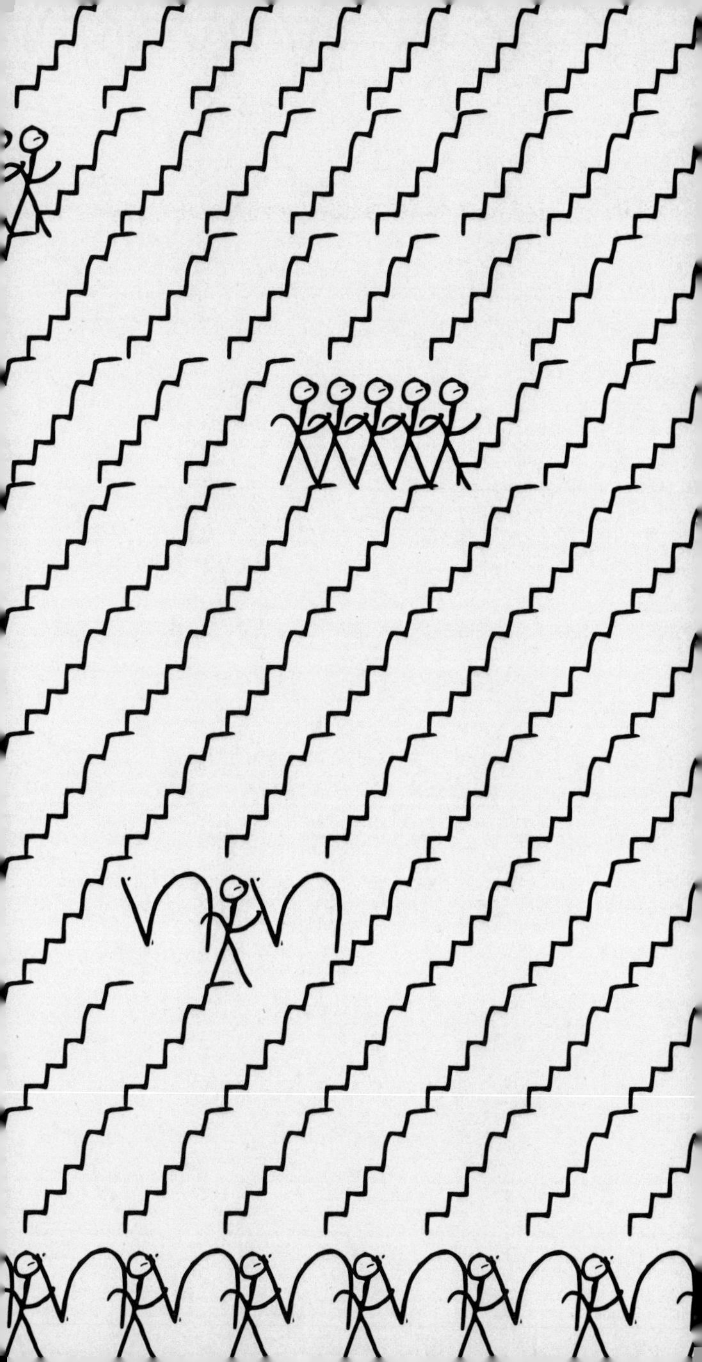

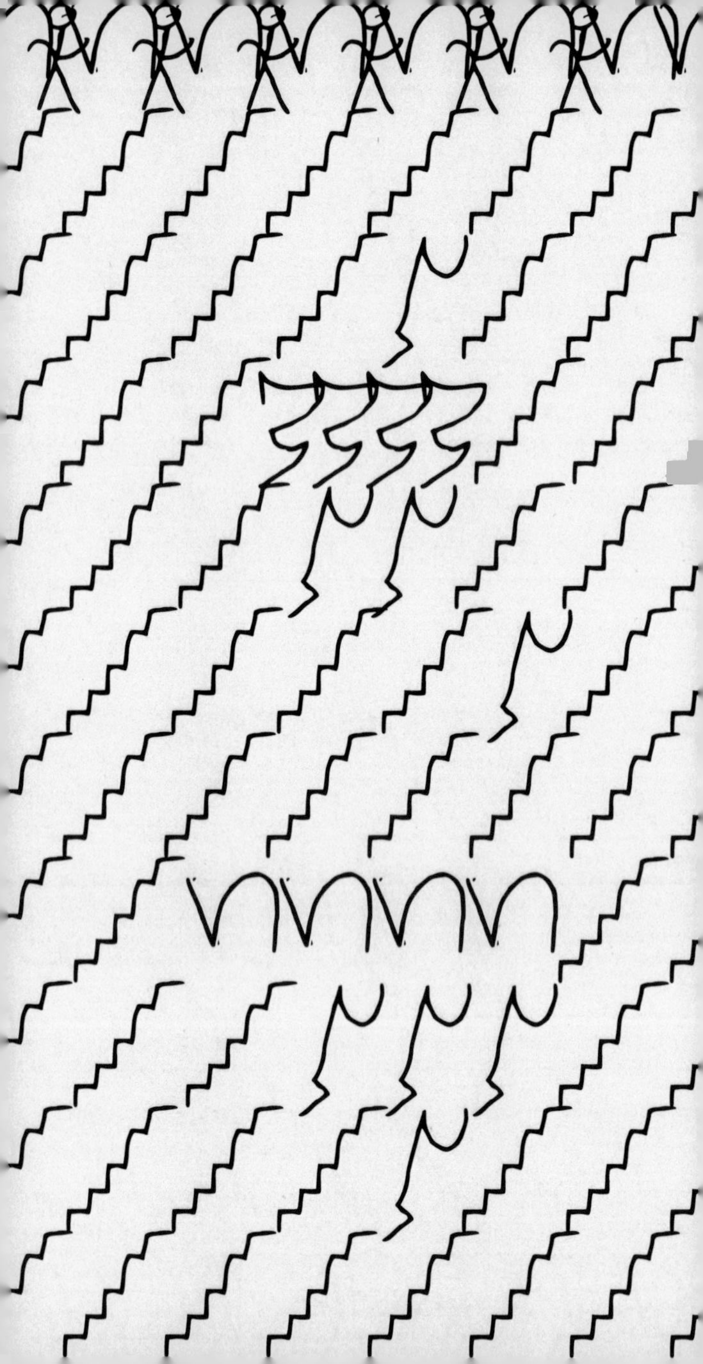

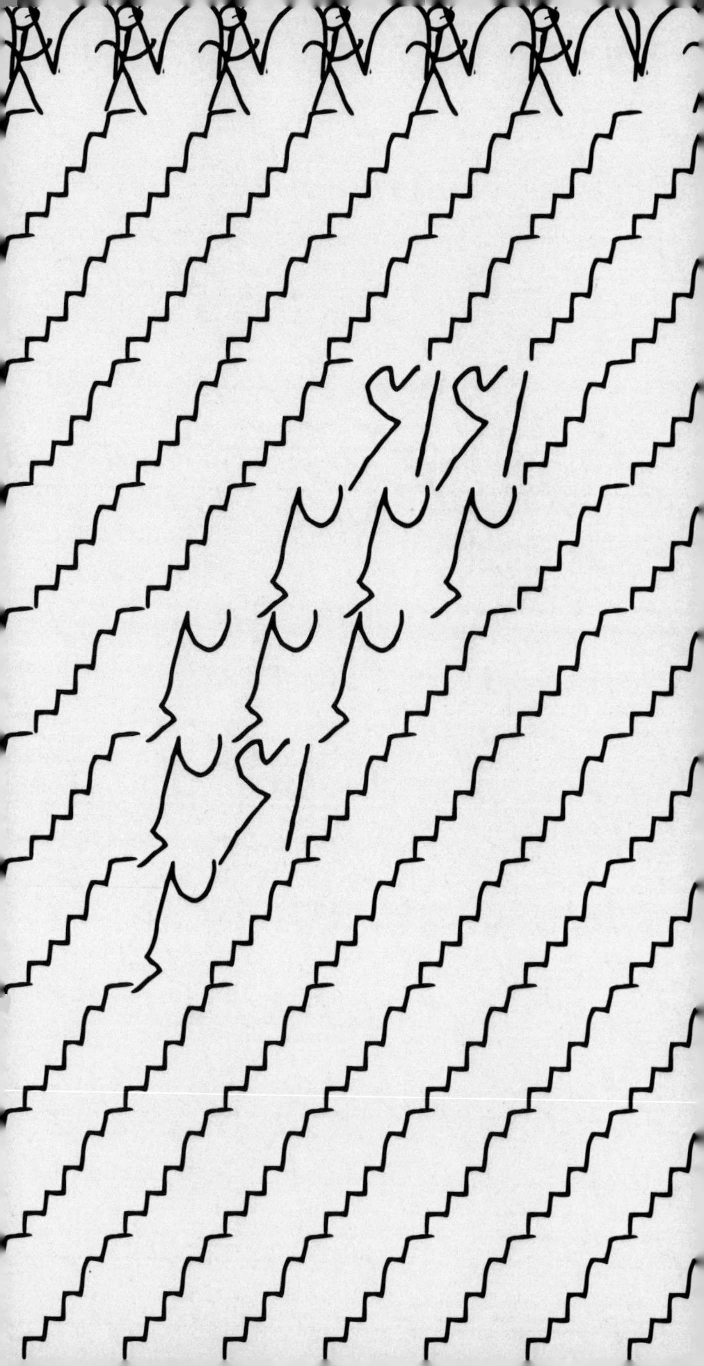

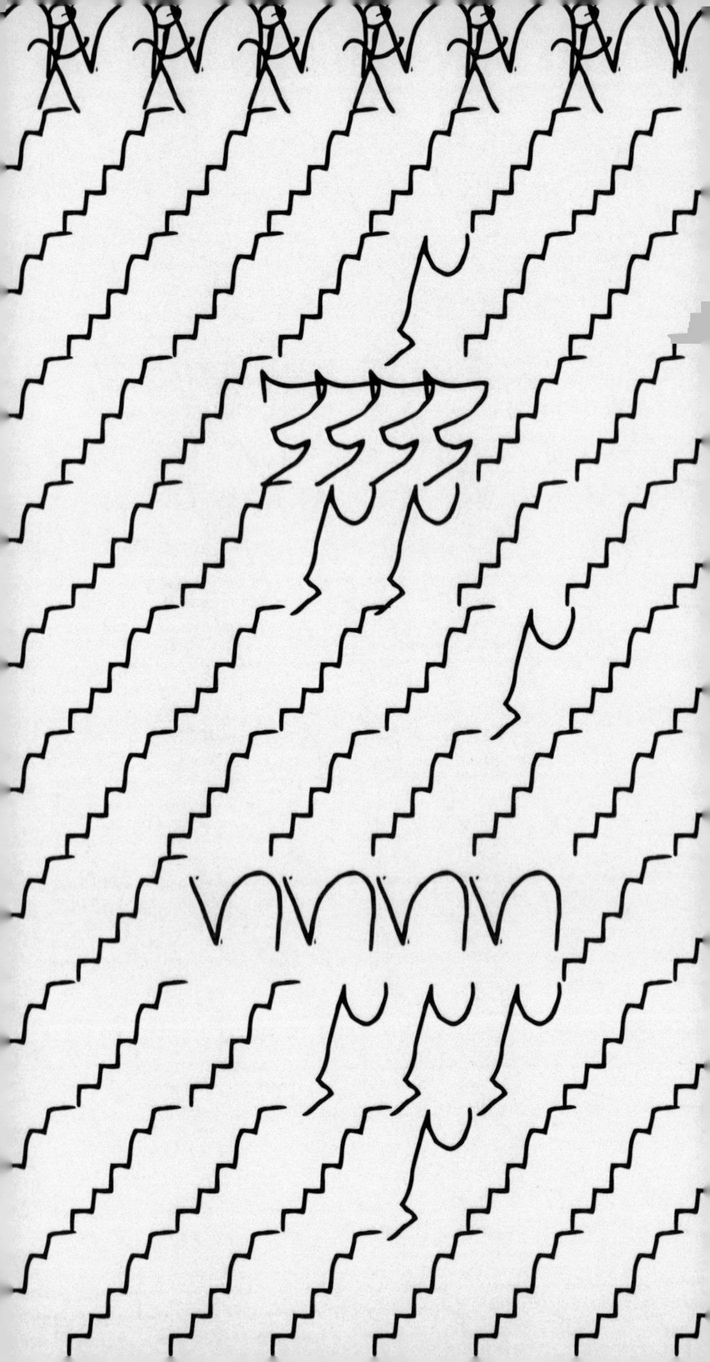

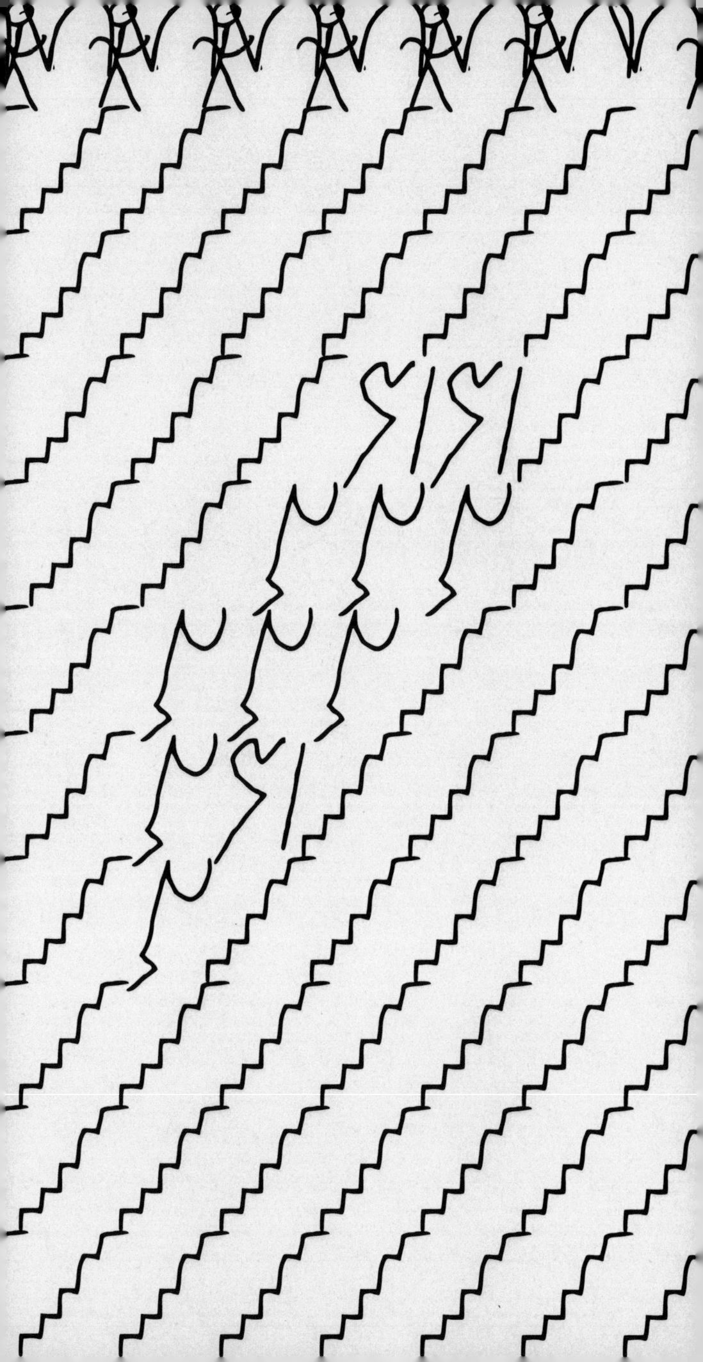

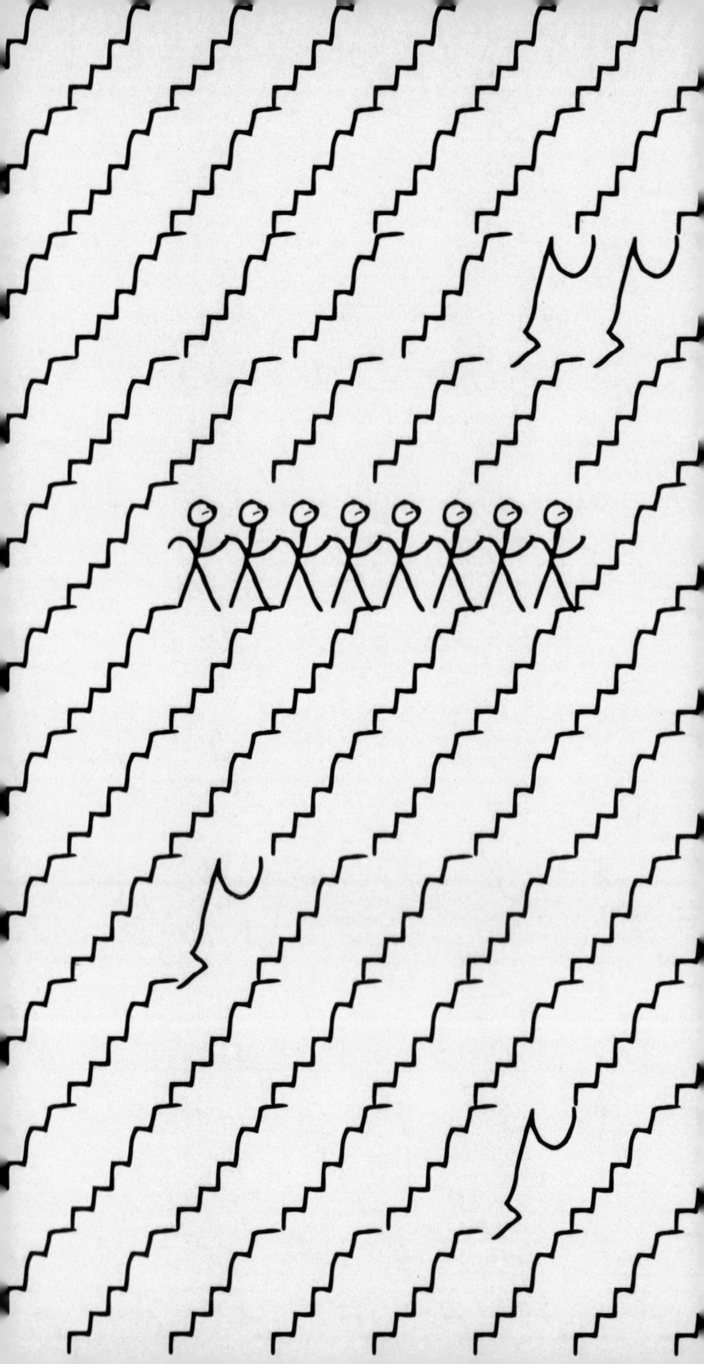

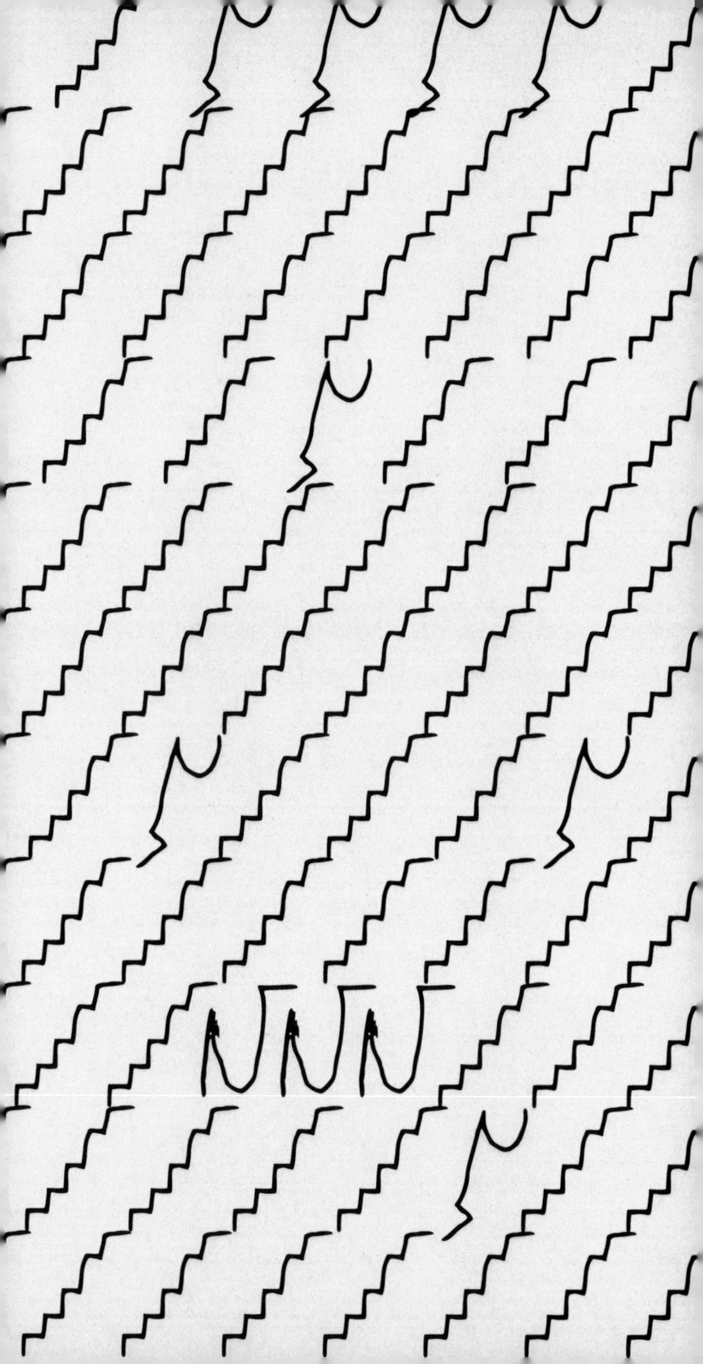

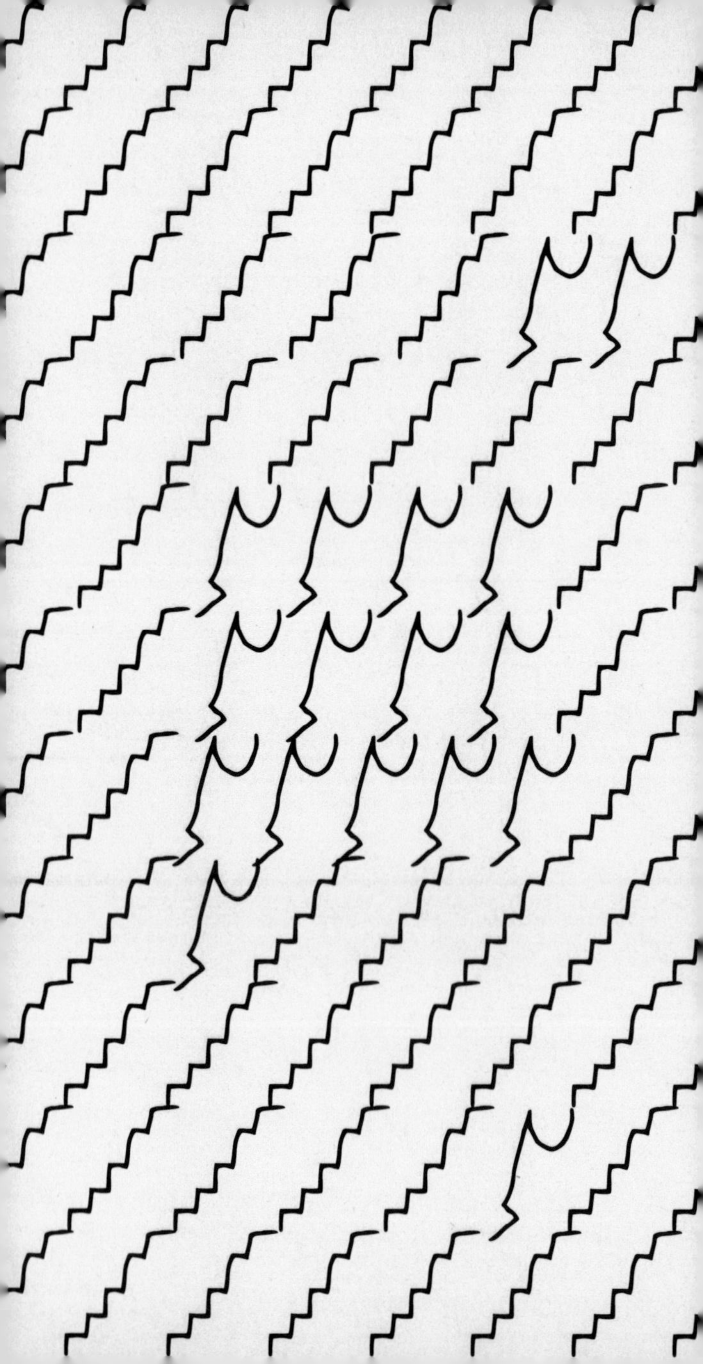

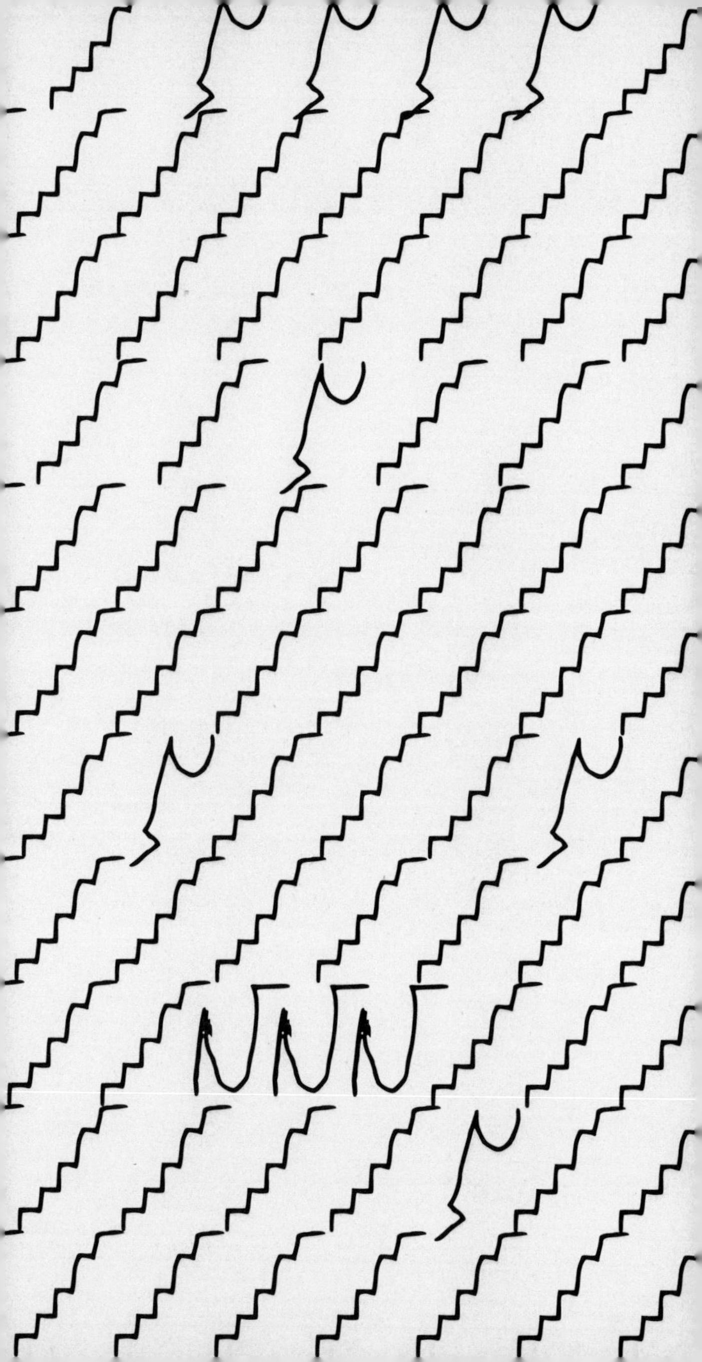

N-1 edições + hedra

Dados Internacionais de Catalogação na Publicação (CIP) de acordo com ISBD

K64s Kleist, Heinrich von

Sobre a fabricação gradativa de pensamentos durante a fala / Heinrich von Kleist ; traduzido por Maria Cristina Franco Ferraz. - São Paulo : N-1 edições, 2021.
80 p. ; 11cm x 18cm.

Inclui índice.
ISBN: 978-65-86941-44-9

1. Filosofia. 2. Teoria literária. 3. História literária. 4. Pensamento. I. Ferraz, Maria Cristina Franco. II. Título.

2021-1885

CDD 100
CDU 1

Elaborado por Vagner Rodolfo da Silva - CRB-8/9410

Índice para catálogo sistemático:
1. Filosofia 100
2. Filosofia 1